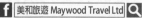

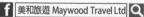

打開天窗　敢說亮話

LIFE

天窗出版

馬拉松。歎世界！

Run The World

莊曉陽｜Edkin｜Frankie 著

目錄

第一章 ●
日本及台灣篇

大阪馬拉松。 ▶ P.24
流動的饗宴

日本第二大的比賽，誇張的食物補給站，在32公里的住之江公園等候你，讓你邊跑邊吃，嚐遍關西的美食。

外篇：美津濃總部博物館與村上春樹的跑鞋 ▶ P.40

1

6

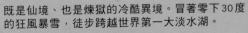

有愈來愈多人將參與海外馬拉松賽事作為旅行的一種方式，對跑者們來說，這不僅能實現生活哲學，也是以自己的步速來體驗世界。

當佇立在世界經典城市賽的起跑線時，能感受到的是激勵與震撼，但當跑過日本鄉間、北美山林時，卻又能體驗不同於以往的心靈沉澱。這本書為跑者們整理了數場賽事資訊，以及親跑心得，實為展開海外馬生活的重要攻略！

—————— 歐陽靖 | 跑者、作家

這是一本馬拉松情報大補帖，收集了世界各地之名馬拉松賽事資訊，依照這些情報我們可以更輕鬆地去完成馬拉松的繁雜手續，捨去很多不必要浪費的時間與麻煩，讓我們更沉醉在馬拉松之中。雖然目前只介紹了數場知名賽事，但我相信一定會有第二集的出現，因為我們需要。

—————— 「真男人」張嘉哲 | 台灣倫敦奧運馬拉松國手

出國跑馬拉松是旅行的一種形態，也是跑者獨有的享受，人文、建築、自然景觀，在42.195公里的賽道上，甚麼奇妙的事情都可能會發生，就如同我和曉陽他們的相遇一般，既不在台灣也不在香港，而是在日本的那霸，馬拉松的奇妙之旅，就此一幕幕地展開。

—————— 江彥良 | 江湖跑堂國際馬拉松協會會長

即使我曾於五大洲跑過逾50個馬拉松賽事，作者們生動的筆觸，令我彷彿又回到打氣聲此起彼落的賽道上，在字裡行間同時感受他們那份真摯的人文關懷。

高度推薦此書予各位向世界出發的跑者、準跑者！

張樹槐｜恒生銀行傳訊及可持續發展總監

身邊朋友愈來愈多專程到海外跑馬拉松，此書作者更是跑遍天下，書中不但提供很多實用資料，更以親身經驗說明，讀來親切。身為業餘跑者，我每次旅行都會多帶一對跑鞋，享受在陌生地方街跑的樂趣，經此書鼓勵，也許是時候要跑出香港了。

盧覺麟｜am730社長

要在42.195公里的路上，在幾小時以內，去深度認識各地生活文化、風土人情，去飽覽各城市風景建設、歷史遺蹟，除了參加各地馬拉松，應別無他途。如此刻你庶務纏身，未能起行，可先讓本書作者們帶你「歎世界」！

陳冠英｜運動版圖SportSoho創辦人

跟曉陽一樣，跑步是我最喜愛和最常做的運動。與他結識了一段日子，可惜尚未有機會同跑，幸有這本書讓我分享到他與友人的經驗和心情，更肯定他們在跑步方面比我更專業和富有國際經驗。期待有天帶著這本書到他們介紹的地方去盡情地跑。

郭榮鏗 | 立法會議員（法律界）

我跑步12年，跑遍世界七大洲，曾經追逐過時間、輕傷過，也錯過賽道上的風光。書內的馬拉松跑者，盡情享受和用細細欣賞的心情去完成賽事，既可追夢也可尋見聞，本書的賽事遊歷可給大家參考。

冼水福 | 極地跑步專家

對很多人來說，馬拉松像是苦行、修煉。看過這本書你就知道，馬拉松不僅是跑步，還可以吃喝玩樂交朋友，還可以邊品酒邊欣賞風景。苦行？誰還會這麼笨！

盧峯 | 專欄作家兼跑者

莊曉陽，好一個快樂老實人，永遠向前，永不停步。他和友人跑出深度、跑出角度、跑出溫度、跑出難度、跑出濕度、跑出熱度、跑出量度、跑出溫柔和態度。

他們的環遊世界馬拉松，沿途有極地薄冰，有紅酒美女，有熱鬧掌聲，有孤獨自省。他們以跑步超越跑步，獨步人生峻嶺，笑看風雲變色。沒有甚麼贏在起跑線，這或許就是另一種境界。

呂秉權｜浸大新聞系高級講師兼跑者

如跑馬拉松時沿途有風景看，有人在路旁打氣，跑起來也格外起勁。可惜在香港的賽事，這些都是欠缺的。跑過一次之後，已萌生要到外國參賽的念頭。但各地賽事有何特色？跑要注意甚麼？這本書可作為很好的參考。

黃大鈞｜前電視新聞主播兼跑者

馬拉松原來可以這樣跑

馬拉松，原來可以一邊跑，一邊開大食會如大阪馬拉松，跑過「為食街」；
馬拉松，原來可以一邊跑，一邊飲紅酒如 Médoc 馬拉松，跑遊酒莊；
馬拉松，原來可以一邊跑，一邊擁抱美少女如波士頓馬拉松，艷福無邊；
馬拉松，原來可以一邊跑，一邊體驗鄉土人情如四國德島馬拉松，領略小村風味；
馬拉松，原來可以一邊跑，一邊感受全城投入，如過百萬人參與的東京馬拉松，
跑進繁華鬧市……

看罷《馬拉松·歎世界！》，令跑了近二十年馬拉松的我亦大開眼界。

自從參加了第一次馬拉松比賽，我便中了不能停止的咒語；自從參加了第一次海
外馬拉松比賽，我便不停以跑馬拉松作為出外旅行的藉口！旅遊，令我擴闊視
野。我愛香港，但我的世界不應只有香港。每個地方都有其可愛之處，香港有，
不同國家亦有不同可愛之處。我愛香港，亦愛到世界各地旅遊；愛跑香港的馬拉
松，亦愛跑不同國家、城市的馬拉松。用旅遊作為鼓勵自己跑步的藉口真不錯。

旅遊的吸引力，絕對能感染更多人參與跑步，嘗試跑馬拉松。只要你進入 42.195
公里的世界，你便可以打開進入不同國度的隨意門，自由參加不同地方城市的馬
拉松，令你大開眼界。

看罷《馬拉松·歎世界！》，介紹了不同國度不同形式的馬拉松，我合上書、閉上
眼，問自己最希望立即去參加哪個馬拉松。一個漫天風雪、四野無人的情境浮現
了出來。身抖動了數下，心寒了一把，眼前是「凶險」的西伯利亞貝加爾冰湖馬拉
松。我想，我都是作者所說的「愈大鑊愈快樂」的人。

看罷《馬拉松・歎世界！》，你也可以忠於自己來個閉目測試，看看自己喜愛哪個馬拉松。不過，無論你選擇哪一個，我認為跑馬拉松都是非常吸引，亦有很多很多令你著迷的不同元素，關注的不只是速度，也可以輕輕鬆鬆保持平常心。

根據過往舉辦跑步活動的經驗，跑者付出的報名費一般都不能應付籌辦的支出，也可說參加馬拉松總是物超所值，所以我一直推崇：想，就跑。

梁百行｜「全城街馬」行政總裁及創辦人

向世界起跑

近年港人參與運動的風氣似有所長，我的意思自不是群眾運動，或廣場大媽舞，起碼真的多了人會去行山或跑步。前者每逢周末或假期，香港各處山徑都滿佈遊人的足跡就可知；後者則見於城中街巷穿梭奔跑的市民，還有就是，縱身在海外賽事，也可憑熟悉的廣東話相認出香港跑者。而我亦有認識跑齡不過短短兩三年的跑者，已經跑過日本好幾個馬拉松賽事，其中包括東京馬拉松！去年更遠赴柏林，六大完成其二，還有她年前亦已跑畢撒哈拉沙漠二百多公里的耐力賽，惟卻從未跑過香港任何的全馬賽事。

港人熱衷勾結外國勢力並往外跑的原因，各適其適：或創造佳績，或挑戰自我，或收集獎牌，或擴闊眼界，或乘興外遊，或一償宿願，或共襄善舉，或湊個熱鬧，又或不過如我般心有未甘，只可擠在那舉辦多年卻仍原地踏步的大型本地賽事「跑住先」。再者資訊發達，加上網絡報名方便，不然參加同是近年興起的馬拉松旅行團亦可省下不少功夫。識得跑，梗係出去跑。

如果閣下還是不知從何落腳，皆因海外賽事繁多、心大心細的話，那麼請你拿起這本《馬拉松‧歎世界！》後千萬別放下。三位作者不但善跑愛跑……容我先岔一筆，幾年前我為備戰北極馬拉松，特地邀約莊曉陽兄見面取經，甫一坐下，他已從袋中掏出一大堆獎牌如數家珍地逐一介紹。非為炫耀，而是衷心誠意地與我分享他的馬拉松旅程，其中貫注的激情和熱血，同教我沸騰，或許就是憑藉那腔熱血抵禦嚴寒，我也總算好歹完成極馬，順利達陣。

言歸正傳，他們經常出外作賽，並非只著眼時間成績，走馬看花，（膠跑）完奔就算，而是透過親身經歷去感受和記錄，將每一項賽事的沿路光景淋漓呈現，還有

道旁的社會面貌，以至內裡蘊涵的人文風情亦娓娓道來。然後再作沉澱思考，參照對應，教我們不單可藉文字和圖像去設身體驗，預跑一回，更讓我們的思想空間也來一次馬拉松式深度遊。

跑者經常把「每個完成馬拉松的都是勝利者」掛嘴邊，其實我們何妨換個心情，暫且放下較勁爭勝，就算只是挑戰自己的想法，嘗試不設時限或 PB 為目標，而是以一個旅者的身份參與。在異國他鄉的賽道上，開放地感受周遭氣氛，享受箇中風景，邊跑邊看邊賞邊回味……適才所經散發思古幽情的文化遺址，還有那壯麗宏偉的獨特地標，或是教人屏息的自然景觀，以至激盪人心的群眾熱情；又或不過只是欲罷不能的美味小吃，和惹人遐想的女生親吻，這刻明顯我已心馳神往波士頓馬拉松……

然而，我心底深處夢寐跑經的何嘗不是有間波士頓餐廳，還有彌敦道和香港其他主要街道上的店舖和民居。本地跑者穿過的該是熟悉的熱市鬧巷，而非杳無人跡的三橋三隧，路旁則擠滿熱情興奮的街坊，夾道歡呼「加油！」而非「借過！」沿途魚蛋、燒賣任食唔嬲，更沒大會人員故作溫馨提示「這可是違規」、「或會被取消資格」，至於跑得慢一點的亦不用遭人白眼，專車待候……事實上，向世界起跑後，我們會深明上述的期望其實合情合理，而歡完世界後，惦著一個真正屬於我城的馬拉松，更是港人常情。

王利民 ｜ 康宏金融集團主席

以往，跑馬拉松是有「光環」的，旁人聽到莫不肅然起敬，覺得只有專業運動員或愛跑步的業餘跑者，才會有心挑戰這42.195公里。那時候大家對成績都沒有概念，總之完成比賽已是一項成就。出國跑步？職業運動員才會出外比賽吧？

近十年來，隨著健康意識流行，愈來愈多人跑步之餘，也開始報名參加比賽，由十公里、半馬，升級至馬拉松，甚至是超級馬拉松。今天，馬拉松再也不是壯舉，而是每個月、每星期都可以做的課外活動，累積百馬，甚至二百馬的跑者大有人在。比賽報名的情況更是熱烈，熱門比賽要不是火速爆滿，就是中籤難過中彩票，這境況在十年前簡直無法想像。

跑盡本地的比賽後，跑者的下一步自然是放眼世界，由日本、東南亞開始，足跡亦愈跑愈遠，遠至南北極、南美洲安地斯山脈以東，科羅拉多河以南的Patagonia地區或智利的Atacama沙漠，都可以找到香港人或台灣人的腳步。日本的比賽更是誇張，特別是東京和大阪這些大賽，香港和台灣的參賽者更是以千計，起點到處都在説廣東話、國語或台語。

常常有朋友會問，為甚麼那麼喜歡到外地跑？大概一千個跑者，就有一千個跑步的理由：有的希望終有一天，可以憑成績獲得波士頓馬拉松的取錄；有的希望挑戰自我，在世界各地都跑出亮麗的成績；有的希望用馬拉松環遊世界，收集世界各地的馬拉松獎牌；有的希望有生之年，跑畢世界六大馬拉松比賽，加入完成六大的跑者名人堂。

我們的理由或許跟大家差不多，都是希望透過馬拉松走遍天下，欣賞大自然的壯麗景觀，見識世界各地的風土人情，但我們同時視馬拉松為一門學問，思考馬拉松與城市、與人的互動與關係，而每一趟海外征戰的旅程都是學習之旅，讓我們吸收更多的養分，分析每個比賽成功或失敗背後的因素。

我們相信，出國跑馬拉松，不只是為了收集獎牌和破記錄，而是為了擴闊自己的眼界和思想的版圖，欣賞和感受賽道沿途的風光和氣氛，體驗馬拉松路上種種意想不到的趣事和情境。無論在東京、大阪、波士頓、還是 Médoc、Big Sur 或貝加爾湖，我們都不太在乎自己跑甚麼成績，而是更珍重——

在東京街頭，與無數市民擊掌 Hi Five 的鼓勵；

在大阪的住之江公園，享受最豐富的美食街；

在 Médoc 的酒莊喝盡各種佳釀；

在 Wellesley College 外的 Scream Tunnel 與美女親吻；

在太平洋邊緣的荒崖裡，聽一場為跑者而設的鋼琴演奏會；

在貝加爾湖既是地獄、也是仙境的異域中，經歷過畢生難忘的旅程……

所以，跑馬拉松豈止是為了跑大賽、儲獎牌、跑成績？我們希望，你可以放開懷抱慢慢跑，留意比賽每一個細節，好好享受沿途的風景，用心感受路上每一處的美。

我們也希望透過這本書，除了讓你在精神上與我們一起遊世界，也讓你了解外國一流比賽的理念和抱負，如何把賽事規劃成一個全民踴躍參與的城市活動、一席流動饗宴、一趟觀光旅程，讓跑者感受市民在旁吶喊打氣的熾熱氣氛，甚至能夠培養你鑑賞馬拉松方面的品味（或稱之為Marathon Literacy），做一個更「識歎」的跑者。

最後，我們感謝眾多的推薦者、感謝各個馬拉松賽會，包括西伯利亞貝加爾冰湖馬拉松賽會代表Lisa Norkina、Big Sur馬拉松公關主任Julie Armstrong、澳洲昆士蘭旅遊局、黃金海岸馬拉松主席Hart Cameron、Médoc馬拉松主席Vincent Fabre、德島馬拉松賽會代表利穗拓也，以及台灣「江湖跑堂」的「法大」江彥良及「太后」胡翠娟的協助。

特別鳴謝攝影師Masaki Nakamura、Louise Murray、Maria Shalneva、Eason Lin、David Yung、Big Sur賽會、江彥良及本地跑友Charman To，提供冰湖馬、東京馬、Big Sur馬拉松及香港渣馬的部分圖片。

我們還要鳴謝TC Chow、Raymond Lo、Carman Tse、流行萬里、Eddie Lee及Alvin Lau等戰友，一直以來的支持，為本書的內容提供了很多寶貴的意見。當然最重要，還是要感謝我們的老婆，若不是她們一路上的支持與同行，我們不可能跑這麼多、這麼遠。

歡迎你和我們一起，在無盡的馬拉松路上，看足下的大千世界。

Run The World

莊曉陽 ｜ Edkin ｜ Frankie Kwok

作者的世界足跡

 莊曉陽

Edkin

Frankie Kwok

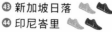

日本

㊺ 奈良
㊻ **東京**（42頁）
㊼ **大阪**（24頁）
㊽ **沖繩那霸**（86頁）
㊾ 東北風土
㊿ **德島**（70頁）

台灣

(51) 台北
(52) 太魯閣
(53) 集集鎮
(54) **田中**（102頁）
(55) 台南

韓國

(56) **慶州**
(57) **大丘**
(58) DMZ 非軍事區

澳洲

(59) **黃金海岸**（168頁）

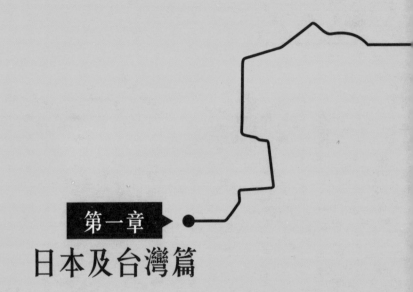

第一章
日本及台灣篇

OSAKA

日本第二大的比賽，誇張的食物補給站，
在32公里的住之江公園等候你，讓你邊跑
邊吃，嚐遍關西的美食。

1

大阪馬拉松。
Osaka Marathon

起點： **大阪城公園**
終點： **大阪國際展示場（インテックス大阪）**
比賽日期： 每年10月下旬的周日
抽籤日期： 每年4月初至5月初
時限： 七小時
報名費： 14,540日圓
名額： 30,000人
網頁： *www.osaka-marathon.com*

以參加人數計，全世界第八大馬拉松，也是日本第二大的馬拉松，近年愈來愈難報名。

氣氛一流，比賽日的天氣比東京馬拉松怡人，還有32公里的「美食街」，是日本必跑的賽事之一。

莊曉陽評語

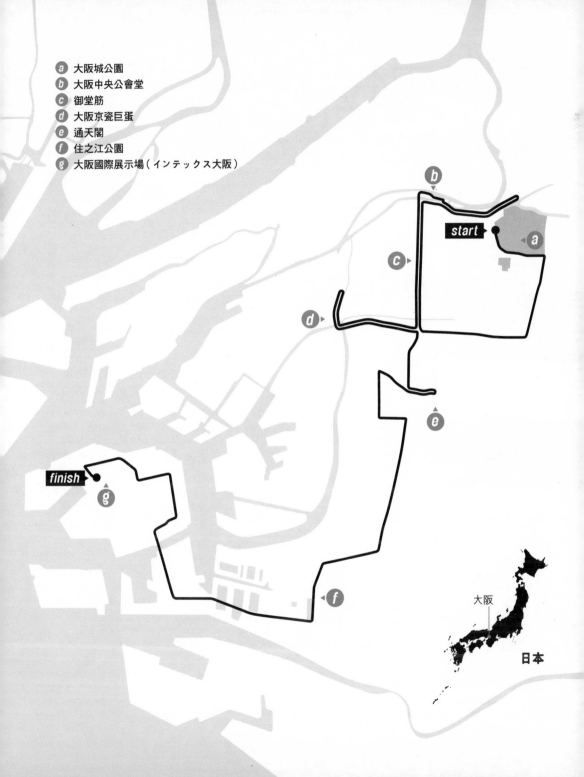

a 大阪城公園
b 大阪中央公會堂
c 御堂筋
d 大阪京瓷巨蛋
e 通天閣
f 住之江公園
g 大阪國際展示場（インテックス大阪）

start
finish

大阪
日本

大阪馬拉松。
流動的饗宴

若以餐廳比喻世上各種馬拉松比賽,香港渣打馬拉松就是大學飯堂,這裡總是人頭湧湧、桌面杯盤狼藉,餐牌如渣馬 Tee 的設計般十年如一,職員也沒有甚麼好態度,但大家沒有其他選擇,每年自願又好,被逼又好,都要排長龍光顧。

來大學飯堂,並不是為了享受的。快、快、快是這裡唯一的準則,吃得快、好世界,巴不得盡快吃完這碟熒光茄醬撈豬排飯趕下一節課。

日本的大型馬拉松,則如海明威筆下的二十世紀巴黎,是一席流動的饗宴。如果你年輕時已見識過日本的馬拉松,美好的經驗足以讓你回味一生,再也「無法回頭」參與沉悶難熬的比賽了。

每年秋至春季,日本的關西相當精彩。大阪、神戶、奈良、京都及姬路先後辦馬拉松。若果有幸連中五元,而且口袋夠深,一口氣參加關西五連跑,必定羨煞旁人了。大阪馬拉松是五連跑的序幕。

我於五年多前參加第一屆大阪馬拉松。那些年間,出國跑步仍未算流行,參加東京、大阪馬拉松,如探囊取物般容易,豈有聽聞抽不中籤?第一屆大阪馬拉松的28,000 名跑者,外國人只是一千人左右。現在,單是台灣和香港也有二千多人,還未計韓國和東南亞呢!

那一年，還有報了名的香港跑者擔心「輻射」而棄跑；也有跑者忐忑不安，不知道應不應該去而在網絡上問意見。今天，誰會怕輻射而怕跑東京？何況是距離福島十萬八千里的大阪？大家更擔心抽不中籤呢。當年曾放棄參加第一屆大阪馬拉松的跑者，現在會否後悔呢？

大阪馬拉松唯一比東京馬拉松優勝的是天氣，特別是對怕冷的跑者。10月的大阪平均約20度，比在2月舉行的東京馬拉松溫暖太多了。馬拉松的起點在大阪城公園，由行李寄存區到起跑區，差不多是繞城一周，四百年前，德川家康的千軍萬馬在這裡包圍大阪城的豐臣秀賴，等候發施號令進攻；今天輪到近三萬跑友包圍大阪城。

等候馬拉松鳴槍起步期間，我看到一位中年大叔「滿場飛」，四處都有跑者向他歡呼鼓掌。我當然不知道他是誰，幸好參與賽事的名人，都有寫上名字的特別號碼布。上前望一望，方知他就是聞名日本的「走之男」森脇健兒。

「走之男」森脇健兒

我才想起，2010年的泰國布吉馬拉松，也曾見過森脇健兒。當年他帶了一個數百人的日本跑團征戰布吉，並在大會活動上致辭，經大會的翻譯秋山潤子介紹，我才知道這位大叔原來鼎鼎有名，拍了一個叫《走之男》的日本電視節目。

據說，大阪出生的森脇健兒讀書時曾加入田徑隊，後來才加入演藝界，憑旅遊綜藝電視節目《走之男》聞名日本。《走之男》拍攝他由日本的最北端，一直向南跑跑跑到沖繩縣的首里城，記錄他沿途的所見所聞，包括認識的朋友、走訪的小店、當地的特產及壯麗的地貌等。

大受好評的《走之男》捧紅了森脇健兒。他隨後還拍了《走之男二》、《走之男F》、《走之男女子部》、《走之男the Final》①。剛過去的第五屆大阪馬拉松，森脇健兒更擔任官方的「打氣團團長」，沿途為跑者打氣。

---

① 《走之男》系列有不同的主題，例如《走之男F》主要用兩三集為一個主題，例如三集跑完大阪JR環線、兩集跑完某段公路。跑的過程也不是亂衝亂跑，有時會跟路人猜包剪揼決定方向，擲骰子決定跑多少個火車站等。

這種節目，香港肯定沒有可能拍了。香港太小，一兩天已跑完了！況且哪個香港人有興趣看一個中年大叔跑步？就算找美跑女做主角，應該最多看五分鐘已轉台了。大概只有日本，跑步為主題的電視節目才保證有收視。

當然，這屆比賽的焦點不是森脇健兒，而是當年的新星——川內優輝。

「庶民跑者」川內優輝

川內優輝於 2010 年初東京馬拉松「一戰成名」，這位埼玉縣年輕公務員以 2 小時 8 分 37 秒奪得季軍。川內優輝的成功，令日本跑界有不少反思，因為川內不是企業聘用的全職運動員，而是自行訓練的業餘跑者。

為甚麼一個半職的非專業跑者，可以跑贏所有專業的運動員？為甚麼日本的大企業，全部「看漏眼」，沒有招募川內優輝加盟？為甚麼近十多年來，日本精英馬拉松選手的進步遠不如東非選手，是否因為精英過於著重操練長跑接力賽（日文「駅伝」）？是否由企業聘請全職運動員的制度，或日本傳統的訓練方法已經不合時宜，需要與時並進？

精英跑者安排在最前列，司儀逐個介紹時，腼腆的川內向後面揮手，附近跑者爭相與他握手。川內最終以 2 小時 14 分 31 秒跑第四，比他的個人最佳成績慢了約六分鐘，但仍是大阪馬拉松的日本第一名。

輪椅賽至今已是所有大賽的必備項目，第一屆大阪馬也不例外，以體現傷健共融的精神。起步禮沒有甚麼特別，乾冰蒸發的霧氣從起步處的兩旁湧出，蓄勢待發的跑者一躍而上。

1	2
3	

1 「走之男」森脇健兒
2 在起跑線前的日本精英跑者川內優輝
3 一陣煙霧後，比賽正式開始。

Making a Rainbow Together

香港人多數視馬拉松為極之擾民的活動，但日本的城市懂得把擾民的活動，包裝如看煙花、看巡遊、去舞會、節日祭典、等待大明星一樣的盛會，讓跑者的家人、朋友、甚至大阪的市民，都可以全情投入參與，只要第一屆辦得成功，大眾自然接受比賽帶來的不便，甚至對比賽引以為傲：咱們關西也有一場不輸東京的比賽呢！

大阪馬還有慈善元素，每人的報名費都包括一千円的捐款，跑者可以在大會指定的七種主題，例如環保組織、扶貧機構、兒童福利等，選擇受惠的公益機構。七種主題以彩紅七色代表，而 Making a Rainbow Together 正正就是比賽的口號。在大阪，馬拉松又豈止是三萬名跑者的活動？

跑者，則是巡遊、祭典的表演者。大阪市政府把最有特色的街道、最美的城市景觀留給你去跑，由起點的大阪城公園、御堂筋大街、道頓堀、中之島、難波商圈、通天閣一帶、住吉區等，讓彩虹流過大阪的街道，讓跑者用雙腳串連起各個不同的社區，以跑步遊遍整個大阪。

住之江公園的「美食街」

無數的大阪人一早已擠在賽道兩旁觀戰、喝采、鼓掌、搖旗吶喊，悉心化妝打扮的更不計其數。商舖不會嫌馬拉松影響做生意，更視之為宣傳的好機會，大家穿上制服，舉起大旗為跑者打氣。

鳴槍前，請把所有能量啫喱、能量棒、綁滿補給品的腰包全部棄掉，因為大阪人不容許你肚餓。只要你熬過半馬點，糖果、朱古力、曲奇餅、啫喱等等食物會陸續出現，由慷慨的大阪市民預備。他們把盛載食物的小紙箱伸出賽道，方面路過的跑者取用。

1　大阪街道寬敞，並不擁擠。

2　彩虹，是大阪馬的主題，Making a Rainbow Together。

1

2

我原本打算每款食物都拍一張照片，順便也嚐一口，但吃過了糖、朱古力、咖喱、橙、檸蜜、飯團、可樂、啤酒、綠茶……，我終於明白這根本不可能把所有東西吃下去，因為熱心的大阪人數之不盡，但令我完全舉手繳械投降的，是位於32公里，住之江公園一帶的「美食街」。

天啊！馬拉松，怎可能有一條連綿數十米長的「美食街」？

說是「美食街」一點也不誇張，如街頭自助餐般豐富：銅鑼燒、各種餡餅、腐皮壽司、酸甘筍、白蘿蔔、水晶豆沙餅、類似泡芙的甜點、曲奇餅、草餅……。跑大阪之前，我無法想像馬拉松也可以弄一條食街，讓跑者盡情地大快朵頤、快樂補給。

我由街頭吃到街尾，肚子吃得脹鼓鼓，足夠撐到晚上才肚餓。享受「美食街」的期間，我看到有個穿上「會計師公會」紅色背心的香港跑者，木無表情一直緩緩跑，掠過整條「美食街」而沒有停下。後來我又遇上他，順便問他一句：「香港人，美食當前，為何不停下來吃？」他說：「不了。」

這位仁兄遇上我這個好管閒事的無聊人，算他倒霉了。從他不耐煩的語氣，心裡應該在痛罵我：「吃不吃東西關你屁事？」

我後來才知道，「美食街」是當地的商會，為了支持馬拉松而贊助的。

或許對某些人來說，馬拉松只是一個比賽，不能貿然放慢腳步甚至停下，盡快跑到終點是唯一終極目標，但以這樣的態度跑大阪，是否有點可惜呢？當然要爭標的、拼三小時內完成比賽、爭取入圍波士頓馬拉松的朋友，不會停下來吃壽司，但對於跑四、五、六小時的朋友，若不停下來見識這條「美食街」，不只枉跑大阪馬拉松，更是浪費了當地商會盛情招待的一番美意了。

以「大胃王」小林尊競食熱狗的方式跑大阪馬，是否糟蹋了這場流動的饗宴呢？

1　古蹟大阪市中央公會堂前，有樂團表演為跑者打氣。
2　醫生都會在路上跑，方便隨時支援有需要的參加者，相當細心和體貼。
3　日本跑者愛變裝，另一隊可愛的組合。
4　跑過固力果地標，不忘拍照到此一遊留念。

神明的庇祐

由報到的一刻到終點衝線，大阪馬每一個安排都教人驚歎。看觀眾怎樣打氣，留意大會安排甚麼類型的表演，也可以多了解一點日本人的觀念。

我不止一次看到有人舉起「完走」的牌鼓勵跑者，令我想起早一天讓跑者取號碼布的 Expo 中，有一個攤檔佈置成一座廟，廟外掛了一排寫上「完走」的燈籠，還有寫上「完走祈願」的小牌匾，並放了一尊大阪通天閣的守護神 Billiken，讓跑者摸摸 Billiken 的腳，祈求得到神明的保祐順利完賽。

在「美食街」附近，我又看到一尊躍躍欲跑的小神像，讓跑過的跑者捏捏神像的腳板。對西方人來說，「完走」太蒼白無力，要鼓勵跑者，至少也是寫「Finish Strong」。我在歐洲、摩洛哥、土耳其、泰國的馬拉松，從來看不到馬拉松有基督教、伊斯蘭教、佛教等宗教色彩。稍為接近的是美國馬拉松，有些大型比賽會在起跑區附近搭一個帳篷作臨時教堂，並請牧師傳道主持崇拜，讓虔誠的跑者不必因參賽而犧牲周日的聚會。

但在日本，完走馬拉松不是單講個人意志，更重要是神明的保祐，以及路上群眾的支持與成全。無論日本多麼先進及現代化，傳統感恩的觀念仍牢牢地植根在日本人的心中。

最後的驪歌

一個比賽是否成功，不在於參與人數是否創新高，而是要讓參加者覺得做啦啦隊也不錯，讓義工樂意年年來幫忙，讓旁觀者有落場參與的意欲，讓城市的每一個人，都覺得自己擁有這一場比賽。

只要你伸出手，無論是老婆婆、媽媽、小孩子、花枝招展的少女，都會 Hi Five；每個水站、食物站都是井然有序，拋在地上的垃圾很快被分類清理好，方便比賽後回收；我沒有看到大阪跑者隨處在樹下小便，大家都是乖乖地等候永遠不夠用的流動洗手間。

每一步都是享受，這裡有數十萬人為你歡呼，有巴魯坦星人與你一起跑，有動漫人物沿途為你打氣。沿途還有無數個音樂表演，碰到觸動心弦的旋律，我都會停一停，拍照後向他們鞠一個躬，說一句「Arigatou Gozaimasu」（謝謝），感謝他們認真落力的演出。

我永遠不會忘記第41公里，大會安排了幾個高中女生，唱帶點傷感的驪歌。換了在歐美，這裡會放一支勁樂隊，讓你爆發最後一股力氣衝線，但在日本，41公里是差不多要告別的時候了，我們要等翌年才可以相見。

這刻，我甚至不想完成這個比賽，不想讓這場饗宴完結。

我停下，預備用快沒電的相機拍下這個表演。唱主音的女學生忽然走上前，向我伸出手，我也伸出滿是鹽結晶的手與她相握，她向我鞠一個躬後，回到咪前繼續唱歌……

此刻掉下的，不是汗水，而是感激的淚珠。

1 | 2

1 通天閣守護神的小神像，讓跑者摸腳祈福。
2 最後一段路遇到的唱歌女生

OSAKA

美津濃總部博物館與
村上春樹的跑鞋

村上春樹的《關於跑步，我說的其實是……》是跑者的精神食糧，或多或少道出大家的心聲。

跑者最親密的戰友是跑鞋，村上甚麼都有談，就是沒有談他的跑鞋。究竟他是穿美津濃（Mizuno），還是穿Asics，一直是我心裡的疑團。

因特邀參加的身份，我有機會參觀位於大阪南港一丁目、大阪會展中心附近的美津濃總部。總部大堂有個小博物館，簡單介紹公司的歷史，並陳列經典的運動用品、棒球、高爾夫球、一些體壇名將的戰鞋、日本各種運動代表隊的服飾等。

展出戰鞋來自賽車手洗拿、短跑者劉易斯、身高只有170厘米的NBA名將Spud Webb、第一個打進溫布頓八強的日本網球手松岡修造等。

看過這麼多名將的鞋，我忽然想起：「會否收藏了村上春樹的鞋呢？」

Mizuno的總部住於大阪，地下設有簡單的展館。

上 Mizuno 博物館展示日本不同運動的
　　國家隊制服
下 展館收藏的名將戰鞋

博物館的導賞員不會講英文，我透過翻譯員問他，但翻譯員用日語重複問了兩次，導賞員還是不太明白。最後我用皮包內的廢紙，寫上「村上春樹」四個漢字，然後把字條遞給他。職員看後呆了半秒說：「對不起，我們沒有。」

似乎村上是不穿美津濃了。回香港後一個月，當期的 *The New York Review of Books* 談他的小說《1Q84》，並登了一張村上跑步的照片。噢，跑鞋似乎有個N字，可能是 New Balance，但可惜相片的解像度不足，放大後看得不太清楚了。

一年後，我看過一本日本跑步雜誌的村上春樹訪問，文字就看不懂了，但看相片發現他也穿 Nike 和 Adidas 跑鞋的。他應該是那些很隨意，各種品牌都會穿的跑者。

TOKYO

亞洲跑者征戰世界六大馬拉松的首站,由
報名、Expo博覽、風景、補給、氣氛至終
點,都是無懈可擊,堪稱馬拉松賽事的完
美示範。

2

東京馬拉松。
Tokyo Marathon

起點：　　**新宿東京都廳前**
終點：　　**東京國際展覽中心**
比賽日期：　每年2月下旬的周日
抽籤日期：　每年7月左右
時限：　　七小時
報名費：　　12,800日圓
名額：　　36,000人
網頁：　　www.marathon.tokyo

世界六大馬拉松之一，通常是東亞跑者的第一個六大比賽，也是最受香港和台灣跑者歡迎的比賽，有過百萬名東京人上街打氣。博覽會（Expo）的規模，亦只有倫敦和紐約可以與東京比較。

Edkin 評語

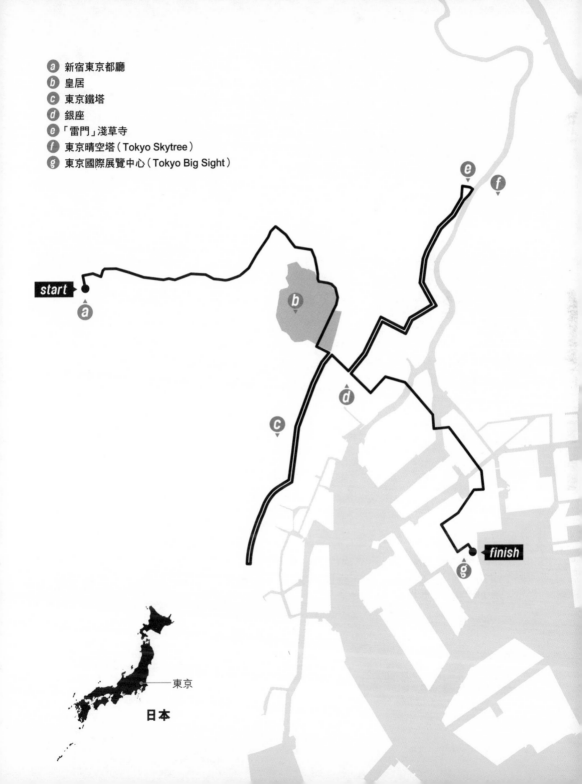

a 新宿東京都廳
b 皇居
c 東京鐵塔
d 銀座
e 「雷門」淺草寺
f 東京晴空塔（Tokyo Skytree）
g 東京國際展覽中心（Tokyo Big Sight）

start
a

b

e
f

d

c

finish
g

東京

日本

東京馬拉松。
The Day We Unite

近幾年馬拉松之風正盛，全世界的跑步人口也急劇增加，香港和台灣也不例外，到外地參賽也愈來愈多流行。最受歡迎和熱門的賽事，莫過於世界六大馬拉松（World Marathon Majors）紐約、波士頓、倫敦、柏林、芝加哥和東京馬拉松。

六大賽事之中，以東京最年輕、最受亞洲跑者歡迎。東京馬拉松在2007年才正式舉辦，只是短短六年時間，到2013年已升級為六大賽事之一，更是其中唯一的亞洲比賽。東京馬的內涵和實力可見一斑。

有的六大賽事一直很難報名，例如倫敦和紐約，中籤的機會相當低，東京馬的中籤機會已經相對容易。在2010年前，如果以外國人身份報名參加東京馬，成功率還是相當高，幾乎沒有朋友落空。但是到2012年左右，東京馬的中籤率就急劇下降[1]，名額愈來愈難求了。

究其原因，除了「六大」的號召力外，更因為賽事質素有口皆碑，經跑者口耳相傳後，人人均慕名而至，所以報名人數屢創新高也不意外。我在2013年首次報名不幸落空，第二年再接再厲終於得償所願了。

聽聞有些人連續抽籤三年，甚至四年也失敗，所以我份外珍惜手上的入場券。即使我在東京馬前一星期的香港渣馬中，輕微扯傷了膝蓋兩邊的韌帶，令每一步都隱隱作痛，那怕只有一個星期時間休養，我也抱著即使拄著拐杖也要去跑的決心，踏上往2014東京馬的征途。

[1] 根據統計，東京馬拉松大約有超過三十萬人申請抽籤，以參加人數36,000人計，中籤率大約是十分之一，但據經驗，外國人中籤的機會率會比平均稍高。

出發往起點

比賽日的氣溫只有八度,我穿起了冬季戰衣,乘地鐵到新宿都廳前站的起點。和其他馬拉松一樣,往起點的列車都坐滿了跑者,看上去大家都挺樸實的,傳說中很花巧的變裝還沒看到。列車一到新宿東京都廳,跑者從四方八面匯集而來,氣氛頓時變得熱鬧,大家按大會和警察指示走向行李寄存區,路上的跑者愈來愈多,不久便擠滿了都廳前的馬路。

受前一年的波士頓馬拉松炸彈襲擊案的影響,東京馬相應加強了保安,行李寄存前都要先過安全檢查。通過安檢之後,大家趕緊寄存行李後,就趕到起點去。哎,起跑前總想最後小解一下,但洗手間大排長龍……

果然,跑者都爬到旁邊的小丘上解決了。有警察想來驅趕,但對著一群尿急的參賽者,也只能睜一隻眼閉一隻眼。

很多跑者太過美化了日本人,以為日本跑者不會隨地便溺,這其實也視乎情況而言,鄉郊一點的馬拉松,跑者在路旁的草叢小解根本就見怪不怪。即使如東京這樣的大城市,情急起來還是要就地解決,這幾乎是全世界跑者的常態了。

大家的馬拉松:對殘疾跑者一視同仁

OK,一切就緒,我和其他參賽者一起走到起跑點,在寒風中等待起步的鳴槍。參賽者按申報的完賽速度分為十個組別,以號碼布的英文字母區分。在起跑前15分鐘,工作人員就會開始帶領早已在路上集合的跑者到所屬的區域,要是跑者錯過了上線的時間,就得排到隊伍最後了。

起跑線上還有不少殘疾的參賽者,例如視障人士、殘疾學生、既失聰又失明的女跑者。一般健全的跑者,完成馬拉松後都能夠感受到那種生命的悸動,更何況是殘疾的朋友?雖然他們未必看到或聽到其他人的聲援,但在衝線那一刻一定會有著一樣的感動,亦因為他們要付出更大的努力才可以走到這裡,這一段42公里的旅程,將會是他們生命中精彩的一頁。

1	患有自閉症的男跑者
2	兼有視障與聽障的女跑者
3-4	肢體殘障的參賽者

1 | 2 | 3

4

TOKYO

1

2

1 起跑線上的櫻吹雪

2 途經掛著「雷門」燈籠的淺草寺

現代的馬拉松，除了是健全者的競技，也應讓更多殘障者參賽，藉著這一段路程去感受生命。看著大會的電視屏幕，一眾輪椅選手在起點線整裝待發，那一刻我很難不去想起香港渣馬對輪椅選手是如何刻薄，如何排拒輪椅選手參賽，亦從來沒有為過去失當的安排道歉，想起來真叫人感到難過。②

還有十分鐘起跑，大家都屏息以待，電視台的直升機在上空盤旋拍攝。人群中有一位伯伯突然大聲抬頭對直升機說了些甚麼，原來他的裝扮正是電視新聞記者，他繪形繪色的動作還真的惹得大家都笑了，最後他還叫大家向直升機打招呼！旁邊的跑者也真的一起哄笑起來，真好玩。

笑著笑著，差不多要起跑了。

起跑線上的櫻吹雪

由現場的銀樂隊奏起日本國歌後，槍聲隨之響起，無數紙造的白櫻花瓣飄然而下，伴送跑者出發，樂隊也改奏輕快的進行曲為跑者打氣。新宿的靖國通，一如眾多曾參加的跑者所說，滿是市民夾道觀戰和打氣的東京市民，沿途只要可以跑近觀眾，我都會與熱情的市民伸手Hi Five。

以往每年在香港渣馬，大概有十次八次在中環碼頭或銅鑼灣跟觀眾Hi Five機會③，但單是東京馬頭五公里的Hi Five次數，恐怕比一輩子在香港跑渣馬多好幾倍了。

沿途上變裝的跑者也為跑道上增添不少歡笑：Sailor Moon和矇面超人固然贏盡加油聲，小朋友老遠看到就大喊：「卡曼拉打！奸爸爹！」春麗確是唯肖唯妙，但背十字架的耶穌哥和穿著單腳木屐的弁慶④才真正令人歎為觀止。

② 輪椅人士爭取香港渣馬設合理的輪椅賽可謂歷盡艱辛。2011年香港渣馬以人數不足為由臨時取消輪椅賽，時任香港平等機會委員會（平機會）主席的林煥光曾去信表達關注。輪椅賽2012年啟辦後亦屢遭詬病：2013年取消了只辦一年的全馬輪椅賽，縮短為半馬，英國選手Rob Holliday去信香港傳媒，批評渣馬安排失當，在長斜坡下斜後更遭工作人員粗暴截停，他形容參加渣馬是運動生涯中最惡劣的經驗。

2014年，香港渣馬的輪椅賽再縮短為十公里，而且時限嚴苛，連終點前700米也要設關門站，結果六名選手只有兩人能到達終點，取消資格率超過六成。事件再次引起平機會關注，要求渣馬體諒傷殘人士。

③ 香港渣馬的賽道，只有中環和銅鑼灣的最後一段才有點人氣，絕大部分賽道都是行人止步的高速公路。

④ 弁慶（？－1189），平安時代末期的僧兵，他的經歷經常被當做日本神話、傳奇、小說等的素材，相傳是《源氏物語》中源義經的家臣，以勇武剛烈聞名。

▲ 幪面超人

▲ Cosplay「川內優輝」，兼送招牌
表情（By 藝人「M高史」）。

▲ 耶穌哥

▲ 春麗跑得很快，別想去捕捉她。

日本藝人愛跑馬拉松

在路上見到好幾位名人參加馬拉松，日本傳媒都嚴陣以待，每個名人旁邊都有一個攝影師和一個記者全程伴跑，還有四個工作人員跑在外圍四角，真的是「滴水不漏」。在日本，馬拉松的收視率是不錯的，由電視全程直播，名人的參與很普遍，更不乏跑出接近三小時紀錄的美女藝人和兩小時半這種專業級成績的男藝人。直播賽事能成為高收視節目，也反映了當地民眾對馬拉松的投入和支持程度。

在香港，雖然近年跑步風氣稍盛，很多藝人和知名人士都開始參加馬拉松，我卻希望除了那些年年跑十公里就當參與馬拉松的藝人外，可以有更多把長跑變成生活習慣的藝人出現，把長跑運動的風氣推上更高的層次。

東京馬是我第一個參加的日本賽事，親身感受過後，我才見識到日本人的長跑傳統，市民對馬拉松的熱情，真是令香港望塵莫及。有人或希望香港有一天追得上，辦一場和東京媲美的馬拉松，但完成東京馬之後，我卻發現兩者之間的距離，特別是文化與精神層面上的落差，要追上又談何容易？

一路跑下去，觀眾的興奮和狂熱，還有大會安排的表演和樂團助威更是有增無減。從來沒有機會感受群眾夾道打氣的香港渣馬跑者，也許不明白聲援有甚麼作用，只有親身跑一次，才會明白身處數十萬、上百萬人之間，滔天打氣聲的力量是何等巨大和震撼。

在眾多的觀眾支持下，不知不覺中我已跑到千代區的皇居外。回想起來，這或許是我人生中跑過最輕鬆的一段十公里路。

然而，東京馬的力量與感動，在十公里以後才真正開始發揮。

1　AKB48前成員秋元才加
2　日本足球運動員、前日本國家足球隊成員北澤豪

盡情地吃吧！

過了皇居和日比谷公園後，第一個折返點設在15公里左右的品川。我吃了第一包能量啫喱後不久，看到旁邊有市民遞上半根香蕉，我馬上連聲「Arigatou」（謝謝）後就拿了來吃。

「嘩，熟蕉⑤呀！還是傳說中從市民手上拿的香蕉！」

要感動也實在太早，由第一根香蕉開始，不停有市民拿食物給跑者補充體力，最常見的是糖果、朱古力、香蕉和蜜柑，也有梅乾和檸檬等正宗涼果小吃；飽肚的蛋糕、麻糬也有一些；誇張的，就連白酒和啤酒都提供……形形式式，種類繁多。

東京市民不會讓你有肚餓的機會。我的嘴裡面往往是一顆朱古力還未吃完，手上又撿來一片蛋糕；有時是檸檬糖和香蕉並吃，嘴巴真是忙得停不下來！

大會官方的食物補給雖然相對單調，但豐富程度已完勝世上大部分比賽。有香蕉、小三文治、鹽糖及我至愛的小番茄。原來在又渴又餓的情況下，酸甜的小番茄真的很滋味，還好大會派食物毫不吝嗇，一盤一盤的端出來，我是站著慢慢吃，小番茄抓了一個又一個的吃個夠。

大會的義工都穿上同一款式的風衣，整齊地站在長長的水站外為你遞上清水和補給品。他們也是大會的打氣隊伍，為擦身而過的跑者，送上最燦爛的笑容、打氣與擊掌。整齊、豐富而有規模的補給站，也是東京馬一道精緻的風景線。

我們都是元氣彈

穿過了華麗的銀座和日本橋，賽道還特地經過淺草寺的「雷門」這個不能錯過的東京地標。這裡有如一個重要的大站，有電視直播，還架設了太鼓和歌舞表演的大舞台，把江戶風的祭典熱情推上高峰，絕對值得停下來欣賞，再拍一張自拍。拐個彎後也會看到新建的Tokyo Skytree，過了這裡之後，東京馬就只剩下三分之一了。

⑤　香港渣馬的補給站以派青澀的生蕉見稱，吃生蕉已是香港渣馬跑者的共同經驗，所以拿到熟蕉特別感動。

全馬的回程途中，跑者們疲憊的徵狀相繼浮現，而我身處的「五小時集團」情況就更是明顯，有跑者開始要用走的了，抽筋的也有不少，而我膝蓋的陣痛也愈來愈頻密。

路上的東京人，似乎也知道跑者此刻最需要甚麼。幾乎每幾十米，我都看到手拿止痛噴霧的市民，凡有跑者跑得一拐一拐，總有市民在附近大叫「大丈夫？奸爸爹！」，然後為跑者噴一噴。

愈往後跑，市民的加油聲就愈大，情況也愈熱烈。小朋友都不停向跑者伸出手掌；老人家也一起伸手和你 Hi Five，點著頭給你鼓勵；年輕人更是用力地和你擊掌，叫你加油，手裡送上滿滿的心靈補給。賽道旁邊一直都有團體唱歌或跳舞，既為跑者打氣，亦為觀戰的市民送上娛樂，隆隆的太鼓聲更是振奮心情。

食物也愈來愈豐富，有好幾個民間的攤位還為跑者送上暖的甜米酒、暖的紅豆湯及紅豆銅鑼燒，甚至是搓好的鹽味小飯團及味噌湯！

市民不過問甚麼運動營養與血糖補充，也不是在辦民間美食嘉年華，讓跑者吃滯了跑，他們只是衷心的在乎每一個跑者餓不餓、冷不冷。東京馬的賽會和市民，不會視跑者為湊夠人數的統計數字，或者是一個阻塞街道的號碼，而是把你當作朋友，甚至親人般看待。

整個東京馬，無數市民總會在跑者身邊伸出支援的手，彷彿連成了一條無形的線，讓跑者一直牽著到終點。每人的手上，都像拿著一點心靈能量，讓跑者帶著這一股能量上跑道，直至在終點衝線。

我一開始還以為是自己的想像力太豐富了，但跑過30公里後，我很實在地感受到每個市民手上的能量，這並不是錯覺。

跑者不是孤軍作戰，而是帶著每一個觀眾的心。跑道上的每一個跑者，都得到無數的心意和那一點一滴的精神力量，讓每一個跑者，不分強弱快慢，統統都變成一顆無堅不摧的元氣彈。

人生馬拉松

這次馬拉松我跑了將近五小時，破了我歷來最慢的紀錄，但卻是歷來最滿足的比賽。現在回看當日的照片，我的表情總是在笑，誰會知道我膝蓋旁的韌帶痛症從33公里處開始發作，痛到最後幾乎要單腳跳回來？衝線一刻，我幾乎沒有看過終點的計時器半眼，因為賽道上的體驗與經歷比賽果更有意義。

這也是我第一個在完賽的一刻覺得依依不捨的比賽：「可以再跑多一會嗎？可以和大家再歡笑多一會嗎？」

人生很像一場馬拉松，只有少數人可以脫穎而出，大部分人即使拼盡全力跑，也只能跑出一個除了自己以外也無人在乎的成績。看似漫長的路程，其實轉瞬間就到終點。我們的生命既然都是殊途同歸，何不好好享受過程？若果生命的回憶之中，除了成績以外便一無所有，這種人生是何其空白得悲哀。

拿到完賽獎牌後，大會還會派發一條印有「Finisher」字樣的毛巾作紀念。跑者們都愛拿著它拍照，義工們樂於充當攝影師不停為跑者留影。每一個義工見到跑者，都會笑著說句「Nice run!」及掌聲鼓勵，在取行李的路上，以英雄式的方式來歡迎跑者回來。

東京馬拉松猶如一齣宮崎駿的動畫，精緻、細密、華麗又富感染力，包含著無盡的溫柔與力量，每一個細節上的完美，表現了馬拉松賽事的最高標準。

The Day We Unite

東京馬拉松截至下午4時結束，完賽率高達96%，截至下午4時結束。七小時的時限，是希望創造出一個讓每個參賽者（特別是老弱傷殘）都能完成的42公里，讓跑者好好地跑在東京的路上，感受這個城市與市民的風貌。一個決心開放城市一天、讓全民共歡的城市馬拉松，是不會想趕人上車、趕著關門再趕著重開道路。

1 Nice run！

2 這個「何偉明」打氣團的團員都有報名參加東京馬拉松，卻只有何偉明一人中籤，沒有抽中的就變成打氣團了，結果沒份跑的都一樣開心。

3 「足湯」?! 對，真的有！但不是應該泡冰水嗎？ Oh who cares?

取回行李後，跑者可以到特設的更衣室更衣，再參加各種完賽活動，千萬別錯過日本比賽特有的足浴呢。跑者的親友可以在 Tokyo Big Sight 的展場內等候，按字母分區找人。我在場外遇到一班從香港來的打氣團正等待參賽的朋友，他們像不少日本的打氣團一樣，從起點到不同地方為朋友打氣，比如說在新宿送朋友開跑後，馬上坐地鐵趕到十公里外的皇居再打氣，一整天繞著東京跑了幾個地點。

參賽的跑到累，打氣團也在場外跑到累，但一路上的加油，同時也為友情留下一段美好的回憶，像他們一樣沿途為朋友奔走的打氣團倒有不少。一個城市就是這樣因馬拉松躍動起來。

所以一個顧及跑者感受的賽事，根本不必把跑道擠滿，堆砌夠六七萬人才能「跑出信念」。今時今日，當報名的人數不斷上升，城市馬拉松的主辦者就一定要學懂如何在參加人數和賽事質素之間取得平衡，讓沒有取得入場券的人都有其他方法參與，這才是讓最多人分享比賽喜悦的好方法。

城市馬拉松經過多年發展，已經不再是純粹一味鬥快的競技比賽。競爭也不可能是一個人，或一個城市唯一的存在意義；跑者跑步的目的，不應該只為了更快。若單是為了一個「冠軍」，又何需幾萬人封路陪跑？

一個成功的城市馬拉松，不但可以宣揚及表現主辦城市的價值，也為市民大眾提供一個自我挑戰的機會。每個人在 42 公里之上，用盡體力之後所貫徹的信念，加上途上遇到的所有支持，自然會化成生活上無比的勇氣。集這些特質於一身的，就是東京馬拉松。

這一天，170 萬參與的群眾和三萬多名跑者一起，成就了「The Day We Unite」。[6]

從此，每一個人都可以相信自己是地上最強。

⑥ 「The Day We Unite」是東京馬拉松第一屆至第九屆的口號。2016 年起，口號改為「Run as One」。

後記：
我跑，是為了……

每一個馬拉松比賽，一萬
個跑者可能有一萬個參加
的原因，也可能有一萬個
不同的得著，這和跑得快
或慢毫無關係。為兒子的
合格而跑，不會比跑PB
（Personal Best，個人最
佳紀錄）卑微，溫柔而有
力的東京馬所帶給跑者的
啟悟，莫過於此。

Expo 攻略

一場優秀的馬拉松賽事，可絕不止於賽事內的42公里。打個比喻，它更像是一套米芝蓮（米其林）三星盛宴，由訂位開始，以至餐前小點、頭盤、主菜，到壓軸的甜品，內容無不盡善盡美。

東京馬拉松的盛宴由博覽會（Expo）開始。除了馬拉松本身，東京馬拉松的Expo更是琳琅滿目，不可錯過。世上能夠和東馬相比的Expo，恐怕不足三幾個，如果以為可以像某些土炮比賽一樣拿了號碼布就打道回府，就實在太小看它了。

東京馬Expo的規模堪比香港書展，足足佔據Tokyo Big Sight展覽中心的兩個大型展館，除了提供賽事有關的資訊，更有大量跑步用品可供選購。展出商戶眾多，貨品價廉物美，絕對會令人買不停手。為了令大家能在有限的時間內盡享博覽兼買得心頭好，且讓我分享一點心得。

Expo內設有「大型繪馬」給參賽者許願

登記取選手包

正式逛Expo前，當然是先拿選手包。大會的流程相當順暢，為外籍跑者登記的員工英語都不錯，工作人員態度也非常友善。取得計時晶片後，工作人員會立刻掃描，以確定晶片運作正常，同時讓你順便覆核登記的個人資料。這個額外的簡單程序，已可以確保不會出現晶片故障的情況了。

下一站是 Expo 的入口處，每一個跑者都急不及待拿著號碼布在入口拍照留念。以後拍照的機會還多著呢，不過拿著號碼布走來走去拍照，夾在中間的晶片很可能掉出來，建議大家先把晶片收藏好才盡情拍照。

Expo 入口的走廊牆壁如時光隧道，展出了比賽簡史、歷年的宣傳海報，及曾留下足印的名將之獎牌和跑鞋等，穿過了走廊就是目不暇給的展場了。第一號場館的最好位置，預留給各主要贊助商，包括 Asics、綜合企業 STARTS、BMW、日本瑞穗金融、市營地鐵、山崎麵包及 Kagome 食品等。這些攤位除了試飲試食外，一般都會提供 Photo booth 以作招來。

所以逛 Expo 真是拍照停不了，官方指定的攝影機構 All Sports Community 也在會場內幫跑者拍攝，除了有佈景的造型照，也有不少攝影師游走會場內外打游擊。如果遇到的攝影師想把你的號碼布一併拍下，那麼他很大機會是大會的攝影師了。

STARTS 的攤位設置了電視牆，由美女司儀用大螢幕講解賽道重點。因為司儀會重複講解，稍後回頭再看還不遲，而旁邊的 Asics 攤位，才是這裡最值得花時間的「景點」。Asics 設置了好幾個腳型診斷站，為參加者提供單對單的腳型診斷，最後更會把紀錄給你，讓你有一個專屬的 Runner ID，非常專業。

奈何僧多粥少，輪候時間相當長，建議大家先掛號領籌，然後才開始慢慢逛 Expo。

不能錯過的會場限定商品

除了跑鞋，Asics 同時售賣其他跑步用品，當季的新款不在話下，款式之多教人眼花繚亂。但新款很少會令人失控地購買，日本人最擅長推出的「會場限定商品」才是大殺傷力武器，例如大會紀念 Tee，40 多款任君選擇，全部掛在牆上讓你慢慢挑。

設計比較吸引的紀念 Tee 很快便會清貨，印上東京馬拉松年份標誌的手套或其他用品也是熱賣貨品，同樣有「完售」的危機。若大家要購買類似的限定商品，就千萬不要等到最後一天才去 Expo，到時精品大多已經賣光，只能望門興嘆了。

鞋呢？款式一定最新最多，新款價格也一般比外地便宜，現在日圓匯價偏軟，如果遇上心儀的新款式，大可不妨照買。

會場特別版有著數

Expo內贈品收過不停，眨眼間已經拿到滿手都是。其中有兩樣不得不提，首先是東京市營地鐵的一日乘車券。如果你有朋友沿途為你打氣，那麼便不要錯過限定版的一日乘車券，現場購買除了有折扣，更附送特製的紀念票套及打氣地圖，提示你要在甚麼時間到哪一個車站打氣。

在東京，為朋友打氣而跑五六個地方實屬等閒，買這張車票一定可以回本。

▲ 若有朋友沿途打氣，就不要錯過限定版的東京市營地鐵的一日乘車券。

此外，各個主要贊助商都會邀請高手作講座嘉賓，例如東京地鐵公司當屆邀請了2000年悉尼奧運女子馬拉松冠軍高橋尚子與跑者分享心得，即使不諳日文，也可一睹名將風采。

二號展館

其他運動品牌如游曳的鯊魚，早已在二號展館恭候你，以白刀子入、紅刀子出之勢，讓你的錢包流血不止。美津濃（Mizuno）、Brooks、Puma和New Balance各有獨自展場，而香港相當受歡迎的CW-X和 SKINS的大攤位，則展出各種的壓力褲，CW-X更有許多非常花俏的日本限定款式，女跑者定會看得心花怒放。

大減價貨品才教人失控，就像Sports Depo這類體育用品專門店的攤檔，總會碰到很多喪失理智的同道中人。

例如Asics的GT2000跑鞋，竟然以大約七千多日圓開售。還有一千円任選的雜價攤，名牌跑衫，腰包帽子，件件

一千円，很容易買不停手。還有五趾襪、壓力帶、營養補充品等等的專門攤位，種類之多令人目眩。

所以大家不需要帶備任何能量啫喱之類的補充品上飛機，留待在 Expo 裡買就可以了。

必買的一千円海報

最後不得不提大會的其他官方紀念品。雖然種類繁多、款式不俗，但價錢不算便宜，不至於會有讓你有「敗家」的衝動。倒是印上所有參賽者名字的大會海報，即使每張盛惠一千円，也幾乎令每位參賽者手執一卷的買走。

日本人要你消費，方法倒是令你心服口服。

餓了，現場有熟食攤檔提供地道美食；大台，有模特兒展示最新款的運動時裝。整個展場，可以逛過五六小時，但要記得留力跑馬拉松，這才可以好好享受精緻而美好、衝線時會感到依依不捨的比賽。

最後長氣一點再說一遍，絕對值得提早去「遊覽」Expo。不要留待周六下午最後一刻，看到很多貨品已賣光才後悔！

.TOKUSHIMA

四國的鄉土風情，以華麗的阿波舞點綴，還有手打烏冬作補給，
是一場色香味俱全的跑步節慶。

德島馬拉松。
Tokushima Marathon

起點：	德島縣廳周邊、福島橋附近 **a**
終點：	德島市陸上競技場 **e**
日期：	每年3月或4月下旬
報名日期：	每年12月
時限：	七小時
報名費：	9,000日圓
名額：	15,000人
網頁：	www.tokushima-marathon.jp

四國最大的馬拉松比賽，充滿鄉郊的人情味及四國的特色，例如阿波舞打氣團及烏冬補給。

莊曉陽評語

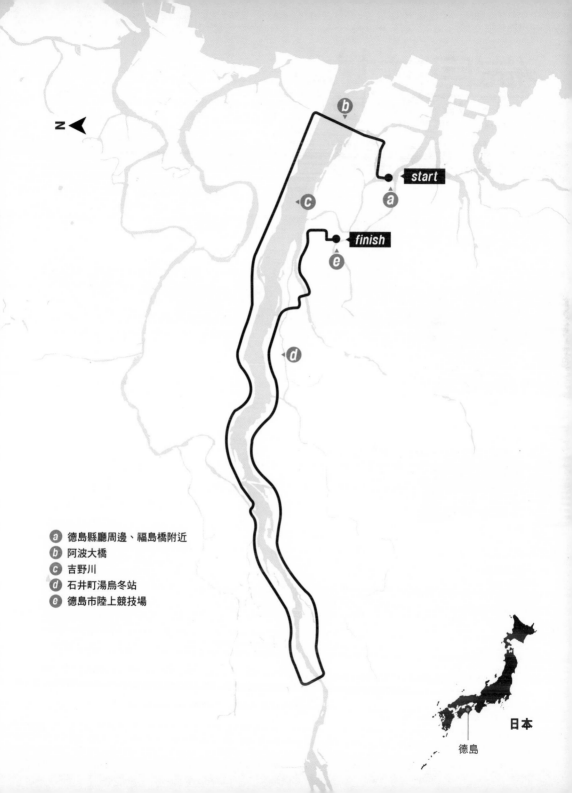

start

finish

ⓐ 德島縣廳周邊、福島橋附近
ⓑ 阿波大橋
ⓒ 吉野川
ⓓ 石井町湯烏冬站
ⓔ 德島市陸上競技場

日本

德島

德島馬拉松。

滿載而歸的驚喜

對於很多上班族，跑馬拉松只能採取見縫插針的策略，確認假期的空檔後，立即找仍未滿額的馬拉松比賽，離香港較近、比賽氣氛又好的日本，當然是首選。

「咦？3月下旬有德島馬，賽前兩個月仍可以報名？比賽預留給外國跑者的名額仍未填滿呢！」我就是這樣，於2015年3月下旬，跑了第八屆德島馬拉松。

第一屆東京馬拉松成功後，讓休閒跑者參與、時限寬鬆的馬拉松成為了時尚，馬拉松如雨後春筍，在日本大大小小的城市拔地而生。德島算是最早跟上風潮的城市，第一屆德島馬拉松於2008年舉辦，也是紀念神戶經淡路島至德島高速公路啟用十周年的慶祝活動，大約吸引4,500人參加。

比賽由德島市出發，途經藍住町、上板町、阿波市、吉野川市、石井町，然後返回德島市，賽後的反應相當不錯，德島縣長飯泉嘉門，決定把比賽每年繼續辦下去，政府部門當然全力配合比賽。八年間，跑者的數目翻兩倍，德島馬今天已發展為13,000人的大型比賽，在一個人口只有26萬的城市（德島縣不到80萬人），算是相當難得了。

幸好德島馬在國外沒有多少人注意，因為有興趣跑日本的朋友，大部分都會選擇較多外地人參與的東京、大阪、名古屋、京都、神戶、那霸、北海道，甚至長野和沖繩，所以我才有機會趕上德島馬的尾班車。

1　Expo 是兩個大帳幕，是購買運動用品的好機會。
2　起步前有按摩服務，幫跑者放鬆緊張的肌肉。

日本的比賽，無論氣氛、風景和細節，都洋溢賽會的誠意，及溫暖濃厚的人情味，德島馬也不例外。賽後，我發了一個電郵向賽會致謝，感謝路上每一個細節的安排，感謝工作人員的用心，沒料到賽會代表利穗拓也先生，給我詳細的回覆，原來他曾旅居香港，懂一點廣東話呢。

德島馬沿途沒有名山大川，也看不見名勝古蹟，比賽除了起步初段要跑上大橋橫過吉野川，全程賽道相當平坦，是跑出成績的好地方，七小時的時限適合新手挑戰初馬。

單看牌面，德島馬沒有王牌，很難贏其他競爭對手了，但操盤的撲克手，倒有電影《賭俠》主角「刀仔」劉德華，以十元贏上百萬的鬥志。德島的賽會和德島人，先以傳統風味醃製這條平平無奇的賽道，再以義工、居民和表演者的熱情慢火烹調，沿途配上四國特產美食，上碟後再擠幾滴動漫美少女的可愛，炮製了令人回味無窮的德島馬拉松。

Expo 與動漫

德島馬拉松Expo的規模，當然不能跟東京和大阪比較，和許多中小型賽事一樣，跑者要到市內的體育館登記報到。館周邊架設的大型帳幕成為麻雀雖小、五臟俱全的Expo，既有體育用品攤檔，又有德島縣的農產攤位，以及日本其他比賽的宣傳攤檔。美津濃跑褲低至500日圓有交易，折算港幣不過是30多元。在香港，這個價錢只能買內褲了！

德島縣農林水產部更安排動漫人物打鬥表演，為小小的Expo增添遊樂場的氣氛。

最吸引我注意的，是貼在Expo詢問處桌子邊的三張宣傳的動漫海報，描繪了三位滿頭大汗的可愛少女，跑到有舞蹈表演的打氣站。雖然我已過了沉迷動漫的年紀，但這張海報的確令男跑者充滿遐想：「德島馬可能有不少美女跑者呢？」

日本的馬拉松我跑了一些，但以動漫為主題宣傳的比賽還是第一次見，我巴不得想把海報買下來。我拿了錢包，配合身體語言說：「我可否買這張海報？」

詢問處的工作人員英文並不太好，她講了一大堆日文，似乎是說這是非賣品。看到我失望的表情後，她竟走到枱前，小心翼翼撕掉其中一張海報的膠紙，把海報捲好後給我，再把餘下的兩張重新張貼，好讓看起來沒有三缺一的感覺。

嘩，實在太感動，也太感謝了！

 ## 洗手間的鼓勵字句

馬拉松的寄存行李區位於德島縣廳前的空地，縣廳距離火車站不遠，跟著其他穿跑步裝的人走就是了。起點有按摩，也有物理治療師幫忙貼肌肉貼，賽前有這些服務也不錯，幸好排隊的人並不太多，我也把握了機會試試。

比賽於早上9時起步，13,000人的比賽，總需要時間等候上線。不知道為甚麼，起步前等候一的刻總是特別尿急，看到路邊一間名為「The Pacific Harbor」的酒店，我立即跟著其他日本跑者，衝入酒店借洗手間。

站在大堂的經理充滿笑容，為我們指引洗手間的方向。洗手盆旁還有一塊小黃牌，寫上「Have a Nice Run! Tokushima Marathon」。德島馬的外國跑者大概只有百分之一，但這塊牌是寫英文，不是寫日文呢！雖然歐、美和澳洲的酒店、餐廳，都不介意借洗手間給馬拉松跑者，但寫上鼓勵字句的洗手間，全世界只有日本才找得到。

大會的流動洗手間安排，亦體現了日本人的細心。德島馬大部分路段處於沿河郊區，但沿途都有「禁止污染河道」的警告牌，即使身處郊野，大家都擔心污染水源而不敢隨便在草叢或樹下解決。究竟應該排隊？還是熬到下一個流動廁格？這是每個跑者都要面對的問題。

排隊浪費時間。但忍，又不知道下個廁格何時出現？雖然流動洗手間的資料在場刊已有，但誰會去記多少公里後有廁格？德島馬沿途的流動廁格，會貼上下一個廁格陣的距離，只是一張紙，已協助跑者判斷究竟繼續跑，還是停一停先排隊。

這麼好的點子，為甚麼世界其他地方的馬拉松，就是想不到呢？

德島的橋

德島馬賽道平坦，除了初段和末段的幾公里在德島市內，大部分的路段在德島縣。跑上跨越吉野川的阿波大橋到北岸後，我們一直沿河邊跑，沿途會經過六、七條橋，橋如疏落的針線般，將吉野川兩岸縫合，跑過半程後，穿過另一條矮矮的橋回到南岸。全程需要跑上兩座不算高的橋。

無盡的橋景，其實也挺沉悶的，外縣人也不會知道這六、七條橋有甚麼特別。不過大會很努力把橋景，包裝為賽事的賣點，例如在選手包上附上一張彩頁，介紹賽道上經過的每一條橋；每一條橋前，大會放置跑簡單的展版，列出小資料及相片介紹，為一條看似平淡的賽道賦予一些意義，讓跑者知道，這段路並不是為湊夠42.195公里而劃入，而是值得到訪的景點。

香港渣打馬拉松也是標榜橋的比賽，但渣馬沒有想過在宣傳刊物和賽道上，介紹這些基建的特色，用心經營這條賽道。即使是本地跑者，有多少人不需要Google協助，即時數出三隧三橋的名字？他們對這些橋和隧道的歷史又知道多少呢？

1　　酒店洗手間內的加油字句，令人窩心。　　　　　　　　1

2　　沿途洗手間都貼上，與下一個洗手間的距離。　　　　　2

3　　選手包附的單張，介紹德島馬拉松會遇到的橋。　　　3 | 456

4-6　每一條橋前，都有簡單的介紹展版，讓跑者認識。

次のトイレまで
Next toilet
0.6 Km

トイレ

徳島は橋の博物館

ろくじょうおおはし
六条大橋

よしのがわおおはし
吉野川大橋

たかせばし
高瀬橋

TOKUSHIMA

一起跳阿波舞

起跑一刻也料不到，德島馬有這麼多悦目的表演。

德島人把阿波大橋變成長長的大舞台，橋左旁的行人路全是打氣陣，有來觀戰打氣的一般市民，也有盛裝打扮的舞者，男的套上披風，女的穿上華麗浴衣、頭戴對摺成半圓的草帽，還有一隊樂師伴奏，表演流傳至今已有四百年歷史的阿波舞！

相傳阿波舞源自十六世紀末，當時日本處於戰國時代末期，豐臣秀吉打敗了四國的長宗我部氏，並把阿波國劃給了近臣蜂須賀家政。新居城於1587年8月築成後，藩主大排筵席與民同樂，大家喝醉後手舞足蹈，痴痴呆呆地跳舞狂歡，自始後每年8月，當地都舉行阿波舞祭。

德島的阿波舞團，還真的不少，每年8月的德島市阿波舞祭，上街表演的連隊多達幾百個。一連至少30人計，有男女舞者有樂師。

這些舞者，也是德島馬拉松打氣團的主力了。沿途不斷有阿波舞表演，有德島大媽跳，也有大學生跳；有豪放而幽默的男舞，也有美麗而優雅的女舞，好不熱鬧歡樂。

阿波舞的基本舞步單調而重複，也歡迎觀眾加入一起跳，正如傳統民謠唱：「跳舞的是傻瓜，看跳舞的都是傻瓜，既然大家都是傻瓜，不跳舞就太吃虧了！太吃虧了！」

其實大會給你七個小時，就是讓你有時間停一停，跟著德島大媽一起學習阿波舞。看過幾個打氣團的表演，我和友人大致上已知道怎樣跳，當然也要落場試試，數著兩拍的節奏，手擺在頭上，右手和右腳、左手和左腳交互向前。兩個傻佬加入打氣團跳舞，跑者看得高興，跳的舞者更笑不攏嘴。

還有各個市民樂隊、學生樂隊，企業如日航亦有組打氣團。

手打湯烏冬

德島人對跑者的支持與愛護，還體現在沿途的各種食物補給品。

打氣市民預備的食物，包括橙、青瓜、米果、糖果、朱古力、飯團、大菜糕、士多啤梨和香蕉蛋糕等；有小企業開車來送香腸、腐皮壽司和能量啫喱；也有分不清楚究竟是大會、贊助商、還是有心人設的食物攤檔，提供蛋糕、香蕉、甜圈、酸梅、汽水、甜米酒、小番茄、魚餅、獅子狗卷（竹輪）……

肚子之外，德島人還照顧你的皮膚、肌肉和關節，有太陽油補給站，也有拿著大瓶鎮痛噴霧在義工，在35公里為你加油。

最難忘是設在32公里左右的烏冬攤檔，由石井町的居民即場烹調的湯烏冬麵。馬拉松路上吃麵，真的是第一次，還要是香滑彈牙的手打烏冬。吃完一小碗，忍不住再吃多一小碗，連汁也不浪費。

石井町居民預備了很多烏冬，比賽的時限是七小時，我以六小時多的步速跑尚吃得到，還看到有大量存貨供應呢！

這是我人生之中，吃過最美味的湯烏冬。

1 | 2 | 3 | 4

1　準備好的熟烏冬，都放在大膠盆內。
2　德島大媽把烏冬烚一烚，然後放在小膠碗內。
3　再加上碎蔥
4　最後灌上熱湯，炮製美味的烏冬補給。

動畫《八十八步記》

德島馬拉松海報上的三位少女，究竟是專為馬拉松創作、還是借用某套動漫的角色？

我問德島馬的工作人員，他們說了一大堆夾雜英語的日文，完全沒有毫無半點頭緒。後來請教動漫專家朋友，才知道這三個角色來自動漫《八十八步記》，講述三位女主角遊歷四國八十八所古寺的故事。

日本有朝聖的傳統，跑步更是僧侶修行的方法之一。日本最聞名的朝聖道，就是《八十八步記》介紹的「四國遍路」，由德島縣第一札所「靈山寺」出發，到香川縣的第八十八札所「大窪寺」結束，全長大約1,200公里，等於跑30個馬拉松。

用潮流動漫包裝古老的文化，讓年輕一輩有興趣認識歷史，有助對傳統的承傳，日本這方面做得非常出色。

《八十八步記》是動畫製作公司Ufotable的作品。德島馬大會代表利穗拓也說，德島以動漫聞名，每年都有大型的動漫節，該製作公司的社長近藤光是德島人，自然樂於用旗下的創作，支持家鄉的比賽。

德島馬拉松的完賽獎牌的設計，也是用這套動漫呢。

德島馬拉松的獎牌，同樣以動漫《八十八步記》的少女為主題。

既是太陽與海的快樂祭典，也是限時抵壘
的生死時速，千萬不要在途上樂而忘返，
而忘記了在限期前回終點！

.NAHA

沖繩那霸馬拉松。
Naha Marathon

起點／終點： **那霸奧武山陸上競技場**
比賽日期： 每年12月上旬
時限： 6小時15分
報名費： 6,500日圓
名額： 30,000人
網頁： *www.naha-marathon.jp*

> 甚有特色和人情味的日本鄉郊比賽，氣氛好、民間食物補給豐富，而且參與人數達大賽級的規模，亦可以在運動場內完賽，令比賽感更強烈，但沒有信心在六小時內完成的慢跑者，需要考慮終點前的關閘時間。

莊曉陽、Edkin 評語

start / finish

a 那霸奧武山陸上競技場
b 國際通
c YMCA打氣站
d 和平祈念公園

日本

沖繩那霸

沖繩那霸馬拉松。 4

限時關閘的殘酷物語

近年愈來愈多人到日本跑步，特別是日圓見六算的日子。最近、最方便、也是最便宜的選擇，肯定是沖繩的比賽，沖繩本島每年都有兩個大型馬拉松，2月的沖繩馬及12月的那霸馬，每年都吸引不少香港及台灣的跑者參加。

比較兩個比賽，沖繩馬於本島的中部舉行，地勢高低起伏；那霸馬拉松則跑南部沿岸的小鎮，山勢稍緩，多一點海洋氣息。那霸馬的參加人數更多、歷史更悠久、氣氛也較熱烈，是愛大賽跑者的首選。

那霸只是一個日本邊陲的小城市，但馬拉松辦了30年，比賽歷史比日本其他大城市的賽事都悠久（東京馬拉松由2007年啟辦，大阪馬拉松由2011年開始），而且全馬人數多達三萬人，等同東京與大阪級的規模，沿途熱情和高漲的氣氛也不會被比下去。

那霸馬還有另一特色，就是到雷厲執行關門時限的作風。最後衝線時恍如考試最後幾分鐘般緊張，時限一到，比賽便即時落閘結束，那怕只剩下幾百米也不讓你完成，即時取消資格。

由於主辦者賽前沒有特別提醒外國跑者「關門」的傳統，新手一定要小心注意，免得過分陶醉在沿途的飲食和歡樂氣氛之下樂而忘返，最終可憐地飲恨於閘外。若不是我親眼看到，還不太相信人情味濃厚的日本，今天仍有這種「殘忍」的安排，稍後再跟各位讀者描述關閘的實況。

香港到那霸機場的航程只需2小時20分。甫下飛機，已看到當地觀光部門的工作人員，舉起歡迎的橫額，不是歡迎香港跑者，而是歡迎台灣跑者！（見圖）台北往那霸的飛機，緊隨著香港的航班降落，機上幾乎全是參與馬拉松的跑者，浩浩蕩蕩向那霸出發。

台灣跑者都喜歡到世界各地參賽，尤其對日本的賽事情有獨鍾，例如知名跑團「江湖跑堂」，便不時組織大大小小的跑團到世界各地參賽。聽「堂主」江彥良說，那霸馬負責人的太太是台灣人，很自然跟台灣的關係較好，而在剛過去一屆的那霸馬，台灣跑者就有接近一千人之多，「江湖跑堂」自己也帶了150名跑者去那霸。

人多、關係好，面子自然大。比賽當日，大會甚至在終點為台灣跑者搭一個大型帳幕休息，安排各種表演和小食，其他國籍的朋友只能羨慕了！

寄存行李的折騰

那霸馬的起點位於奧武山陸上競技場，乘單軌電車就可以到達。為了避免人潮擠擁，上車困難，我和許多跑者一樣，情願慢慢步行往會場。

抵達會場後，第一件事當然是更衣和寄存物品。我到現場的時候才發現，行李寄存分為「免費」（無料）和「付費」（有料）兩種區，付五百日圓的費用，不單止是替你看管財物，更需要填寫郵寄表格，以便一旦無法把行李交回選手本人，也可以「原件寄回」。我因找不到免費的行李區，被逼去付費區寄存行李，經過這一番折騰，充裕的時間都變成十萬火急了，甚至令我錯過了上線入起跑區的機會，我只能待三萬人都起步了，才可以加入隊尾跑。

到我走到晶片開始計時的真正起點，比賽已過了半小時。

那霸馬拉松的路況

那霸馬的賽道是在沖繩島的南部劃一個大圓圈，經過南風原町、八重瀨町、系滿市、豐見城市，再回到奧武山公園，最後約200米還有機會跑入運動場的跑道，讓你繞場大半圈後衝線，無論你是第一名，還是最後一名衝線，都可以感受大型運動會的競賽感。跑過一趟那霸馬拉松，沖繩島的南部基本算遊過了，連一般旅客不會到的地方都看了，這是跑馬拉松的其中一種魅力所在。

踏出競技場範圍，除了市長與吉祥物以外，更響亮的聲音是由搞笑藝人做司儀，說說笑笑地送參加者出發，還有中學生組成的銀樂隊演奏進行曲，燃起了熾熱氣氛。起步不久，即穿過有沖繩島最熱鬧的國際通，兩旁都是打氣的民眾，恍似將晚上的繁華帶到早上，穿過小小的商業區後，三萬名跑者就向島的郊區邁進。

那霸的賽道有公路，亦有鄉鎮的街道。公路跑起來還算鬆動，但城鎮的街道窄，很難鑽跑者之間的空檔超前，不太可能邁步狂奔向前衝。對成績執著的跑者，若排不到較前的起步時區，就不要太計較完賽時間好了；像我這些第一次參加的，對地勢、沿途高低起伏沒有概念，純粹為見聞而來的跑者，則不妨跟著附近跑者的步速跑。

公路上的YMCA

熱情投入的群眾，多如繁星的民間食物補給，還有途徑各個城鎮、郊外、農村和海邊的風景，每公里的路程都充滿陽光與海的快樂。

城鎮街道固然喧鬧，公路上有傳統舞蹈、擊鼓、沖繩歌謠和月琴，最驚喜的一幕發生在十公里左右，只是一條普通不過的市郊公路，但大會安放了揚聲器不停播放YMCA，還有義工製造氣氛，跑者都興高采烈地一邊跑、一邊按著節拍擺動雙手。

一首樂曲、一個揚聲器、一個義工，就把一條沉悶的公路，變成一個難忘的高潮位，令跑者津津樂道。播放音樂並不花很多錢，只需用心檢視每個細節，每一段路都可以做到好氣氛，問題只是主辦者有沒有心和創意，希望給跑者留下更多驚喜和回憶。

1	1 鄉鎮的馬路較窄，而且只有單線開放作跑道，路面頗為擠塞。
2	2 大會播放著YMCA，跑者也按著節拍揮手。

那霸特有的鄉土風味

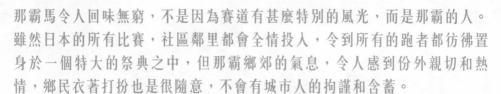

那霸馬令人回味無窮，不是因為賽道有甚麼特別的風光，而是那霸的人。雖然日本的所有比賽，社區鄰里都會全情投入，令到所有的跑者都彷彿置身於一個特大的祭典之中，但那霸鄉郊的氣息，令人感到份外親切和熱情，鄉民衣著打扮也是很隨意，不會有城市人的拘謹和含蓄。

賽事所穿過的城鎮，幾近所有商店都會在自家門前開設補給站，「奸爸爹」的打氣聲不在話下。跑者們足下所至就是他們的家、農舍或商舖門口，一家大小、公司上下，都會如數家珍地把好東西拿出來，招呼我們這些一年一度來訪的客人，清水、糖果、米果和沖繩特產黑糖，算是最基本的了。

有別開生面的民間補給站，裝扮成中華街大派燒賣，也有商戶派發名物紅豆黑糖桂圓冰。跑到系滿市漁業協會，他們更為跑者煮魚湯。油站沒有甚麼好招呼，就拿水喉向大家灑水降溫。甚至乎是自衛隊的阿兵哥，也煮烏冬派給跑者。跑城市馬拉松就不會有這種鄉土家訪式的接待了。

反而對大會官方的補給站，我的印象便相當模糊了。說起來，好像除了半馬點的大站，其餘都沒有見過呢！

這些食物都是那霸人掏腰包買的，或是親手準備的，尤其是當地人並不富裕，這份待客如賓的暖意令人感動。大家享受每一份美意時，千萬不要如精英跑者般邊跑邊拿，若不小心把整盤食物撞翻，便會白白浪費人家的心血了。

在真心誠意的小孩手中接過冰棒，別忘了彎下身好好回禮，給一個衷心的 Hi Five；在每個音樂打氣站前，也值得停一停下來欣賞，為表演者的辛勞鼓掌。

跑那霸馬的過程，心裡是溫暖、愉快和喜樂，全程滿滿的熱情招待，忘記了上下山的挑戰和辛苦，只令人嫌42公里太短。

1　　油站沒有怕封路影響生意，更投入打氣，為跑者灑水降溫。
2-7　商戶支持比賽，拿出最好的招呼跑者。

	2	1
3	5	6
	4	7

那霸關閘的「殘酷物語」

沿途的食物豐富，居民又笑臉相迎，無論是日本跑者，還是外地跑者，都會頻頻停下品嚐美食。我和不少路上認識的台灣朋友，都是在沿途吃吃聊聊，加上遲了半小時起跑，返回終點奧武山陸上競技場時，已接近6小時15分的時限了。

衝了線，領過漂亮的紅色玻璃獎牌和即場列印的證書後，我便前往武道館領取行李。往武道館的路上，我看見還差幾百米到終點的參加者，每一個如川內優輝上身，表情痛苦般拼命狂奔。

六小時完賽的跑者，通常到最後階段已沒力氣，又或已經受傷了，只能緩緩前進甚至步行，目標只在於完成賽事，他們為甚麼還會忽然逼自己加速？

還有更怪的事發生，天上突然有煙花爆破，如逃亡般疾走的跑者，全體立即如洩了氣般停下來。

「究竟發生甚麼事？」我看看前方，一直開放的運動場大閘已被關上。煙花原來是關閘的信號，告訴仍未完成的跑者：「時限已到，大家明年請早！」

想不到那霸居民是這麼和樂友善，但賽會卻是固執及有點不近人情。有失落的女跑者抓著大門，盈盈一「閘」間，默默不得語，眼巴巴看著那遙不可及的終點；有男跑者更不禁掉下男兒淚，要身邊的人擁抱安慰。

被關閘的跑者，只能眼巴巴隔著閘，看那個既近且遠的終點。

若這是在香港渣馬出現，我一點也不會覺得奇怪，渣馬對待人稱「葉伯」的香港傳奇跑者葉明倫[1]也沒有例外，時限過了也需要上車；但在人情味濃厚的日本，似乎不應該出現這種場面了。我這些外人覺得吃驚，但當地傳媒似乎看慣了，電視台記者一早就在閘內等候，隔著鐵閘訪問無法完成的跑者。

現代的馬拉松賽會，一般都會把最後檢查站設立在終點前至少一兩公里處，過了這一關的跑者即使未能在時限前抵壘，賽會一般都會作寬鬆處理。即使跑者因超時太多而拿不到獎牌和成績，賽會也會讓他們完成賽事，不會把最後的二百米封起，不讓他們抵達終點。

---

[1] 葉明倫（1921-2014）是香港已故的馬拉松跑者，生前備受香港跑者尊敬，並常常參與香港渣打馬拉松，可惜在葉伯晚年，大會最多只是讓他提早出發，時限一過仍然會截他上車，不會破例讓他走到行人路上繼續比賽。

恕我孤陋寡聞，除了北韓平壤如此嚴守限時關閘外，我未見過有比賽把關門區設在最後二百米，趕絕那些走慢了幾步的跑者。況且，最後幾百米就在奧武山陸上競技場的範圍內跑，並不涉及道路解封的大限；更何況，若把等候踏出起點的時間算進去，很多跑者其實也沒有六小時的比賽時間。如此關門的做法令人大惑不解。

後來聽日本朋友說，我才知道這種關門的方式，在日本的比賽中仍然常見，只不過如許多約定俗成的慣例一樣，即使世情已經改變馬拉松不只是精英競技，也是全民的運動日與節日，但從來沒有人著手把規矩和制度更新。於是這種既沒有人情味又不符合現況的關門方式，一年又一年被保留下來，甚至變成了歷史傳統特色，成為每年傳媒必拍攝的一幕。

或許有人相信，關閘已成為特色，不應輕言廢除；或許有人認為，每個比賽有其規矩，參加者只管遵守好了。但若果馬拉松更重要的目的，不是為跑者炫耀誰不被關閘，而是盡可能讓最多參加者享受完賽的喜悅，從運動中找到自信，那麼關閘的做法就很值得商榷了。

若沒有關閘這一幕，那霸馬拉松本應該是另一個值滿分的比賽。

1 | 2   1   被關閘的跑者，只能眼巴巴隔著閘，凝望那個既近且遠的終點。
         2   關閘一幕，已成為每年傳媒的拍攝焦點。

外篇 越南製作的沖繩玻璃

上 玻璃製但「Made in Vietnam」的獎牌
下 瑞泉酒造為馬拉松出的特別版泡盛

誰說馬拉松的獎牌，一定要金屬製？那霸馬的獎牌就用上玻璃，可見大會希望推廣當地傳統彩色玻璃製作的民間手工業，以一枚特別的獎牌，讓外地或外縣的跑者留下沖繩的回憶。

可惜接過獎牌後細看，原來背面有一塊寫上「Made in Vietnam」的小貼紙，不禁有點畫虎不成反類犬之可惜。

大會推出的其他產品，例如藍綠色的玻璃杯，倒是當地製造的沖繩正貨，盒內還有小小的介紹單張。這個杯相當受跑者歡迎，周六下午便全數沽清了，有朋友猶疑了一會後，回頭已買不到了。

以玻璃為賣點的紀念品，還有當地著名酒莊「瑞泉酒造」的限量版泡盛。限量版有三款，精裝版還把那霸馬拉松的圖案刻在玻璃瓶上，還可以讓跑者完賽後，把成績一併刻在瓶上留念呢！

泡盛為沖繩特釀，相傳於十五世紀時由泰國傳入琉球，並成為古琉球皇室的貢酒。泡盛講究年份，貯存愈久、價錢愈昂貴，一般熟成三年或以上的泡盛，已可以稱為古酒。

與日本盛產的清酒一樣，泡盛都是用米釀製，但清酒是以發酵釀製，泡盛則需要經過蒸餾的過程。若跑者對酒有興趣，都可以在馬拉松前後，順道參觀當地的泡盛酒莊。

.TIANZHONG

在阡陌路上，以滿滿的人情與稻香作伴，
體驗台灣最令人賓至如歸的一場馬拉松。

田中馬拉松。

Taiwan's Rice Heaven-Tianzhong Marathon

起點／終點： **台灣彰化縣田中鎮公所** ⓐ

比賽日期： 每年11月中的周日

報名日期： 每年7月左右

時限： 七小時

報名費： 1,000台幣（全馬）、800台幣（半馬）、600台幣（8.3公里）

名額： 4,500（全馬）、5,000（半馬）、3,500（8.3公里）

網頁： *www.tienchun.gov.tw/marathon*

> 被喻為台灣最友善熱情、也最難報名的馬拉松。補給水平一流，氣氛熱鬧，賽事過程流暢，但全馬的路線比較拖沓，如果不是要累積全馬數字，半馬會是更好的選擇。

Edkin 評語

台灣高鐵

start
finish

田中市中心

a 田中鎮公所
b 世芳宮補給站暨折返點
c 稻田美景
d 天堂路
e 好漢坡
f 八堡一圳
g 田中火車站

田中

台灣

田中馬拉松。

5

有緣 無緣 大家來作伙

以往談到台灣的馬拉松，香港人較為熟悉的會是台北馬拉松，以及以壯麗風光著稱的太魯閣馬拉松之類素有名氣的賽事。但近年台灣跑步風氣熾熱，幾乎每星期都有馬拉松比賽，當中口碑最好、冒起最快、最吸引外地人注意的比賽，就是「橫空出世」的台灣米倉田中馬拉松。

田中馬拉松在2012年才舉辦第一屆，但三年間已成為被「秒殺報名」的賽事，因為名額幾乎給比賽的協辦團體和各大跑會「內部認購」了，撥給公開報名的名額只剩寥寥無幾。

究竟是甚麼原因，令只有短短幾年歷史的田中馬那麼受歡迎，贏盡運動網站和跑者的讚賞，口碑廣傳至連我們這些香港跑者都想參加呢？

跑完田中馬之後，台灣歌手金門王與李炳輝的《流浪到淡水》這首台語歌就在我腦海內不斷響起，從我踏上回台北的路上開始，直至躺在青年旅舍的沙發上開始寫這篇文章的時候都不曾停止。

「有緣 無緣 大家來作伙
燒酒喝一杯 乎乾啦 乎乾啦」

歌中的情懷，不就是在講田中馬嗎？

流浪到田中

田中鎮位於彰化縣，距離台中市以南約40多公里，是台灣一個盛產稻米的鄉鎮，所以也有「台灣米倉」之稱。不過未有田中馬之前，莫説是香港人，不少台灣人也不知道田中究竟在哪裡。

一個平凡的農業小鎮，其馬拉松成為台灣最爆紅的比賽，源起於熱愛跑步的田中鎮觀光商圈發展協會理事長鄭宗政，他到日本跑過馬拉松之後對其念念不忘，決心把那種熱烈的氣氛帶回家鄉。他心想馬拉松不但可以吸引觀光客和帶動經濟，更是把田中介紹給所有人的絕好機會。

除了遊説當年田中鎮鎮長的支持外，鄭宗政還花了七個月時間與對馬拉松毫無概念的鄉民溝通，跟他們解釋馬拉松就像是一場廟會，只不過不是拜神而是跑步，他也不理會馬拉松業內人士與行銷公司潑冷水，終於造就了田中馬拉松的奇蹟。[①]

田中馬出了名報名難，外地人報名就更難，因為還要克服繳費的難關。很多台灣的跑賽只接受「ibon」系統付費（類似香港的繳費靈），若果沒有台灣的銀行戶口，就要找台灣朋友幫忙，對外國跑者甚為不便。

幸好，我和幾個朋友找到台灣跑團「江湖跑堂」的團長江彥良，他二話不説願意幫忙籌辦報名事宜，我們才有辦法流浪到田中，可以一跑為快，參與田中馬拉松。

田中總動員

田中馬的選手包，可以選擇以郵遞方式寄往台灣的地址，又或在比賽前一天到田中鎮公所親自領取。或者有人寧願早些收到選手包，待比賽前一晚，甚至是比賽當天才到這些鄉下地方，怕太早去到悶得發慌。不過，嘿嘿，這才是田中馬好玩之處……

在比賽舉行前一天，鎮公所旁邊的運動場就已經化身成為田中馬的起點和終點線，許多帳幕也豎立在旁邊的空地上，充當成一個迷你的博覽會。下午3時左右，支持賽事的團體就在運動場出發，開始「遶境踩街」的巡遊，情況大概就好像香港元朗天后寶誕時候的遊行一般熱鬧。

① 〈「把馬拉松當媽祖遶境在辦」彰化「田中馬」暴紅背後：用人情味跑出二千萬商機〉，台灣《商業周刊》（1461期），2015年11月11日。

巡遊的過程不過是兩小時左右，卻有台灣的海軍陸戰隊步操打頭陣，就連全鎮的鄉紳和中小學生，甚至幼稚園生都粉墨登場，與隊伍一同走到街上，為翌日的賽事預先炒熱氣氛。沿途的店家和民宅都出來湊熱鬧，碰到相識的親戚鄰里，大家一邊走一邊打招呼，這種小社區的感覺尤其溫暖動人。

事實上，田中馬的其中一個特色，就是讓鎮上的眾多鄉民都可以參與，各自在自己的社區為比賽作出支援。鄉民對馬拉松的投入感，自然比其他的比賽都要高得多，也令鄉民比較能接受馬拉松所造成的不便。

不少鄉鎮馬拉松（例如日本插畫師高木直子參與的伊平屋島馬拉松），都會出現市內住宿與餐廳不足的問題，跑者只好帶備帳幕露營。田中馬採取的對策則大膽直接，除了介紹跑者入住鎮上的民宿外，更開放鎮內幾間小學的禮堂，讓跑者免費打地鋪留宿。

膳食方面，大會乾脆在鎮內擺一場肉燥飯流水宴，請鄉民幫忙預備各種食物，連身份也不過問，隨便進內吃個飽，完全是過年過節一樣的歡樂氣派。

所以，怎可能錯過比賽前夕的節目？好的馬拉松賽事，賽前賽後都應該是歡樂的盛宴，田中馬在這方面是超額完成了。

跑吧！「香港阿健」！

這次田中馬的香港跑者不多，我們都覺得裝扮上應該要多花一點心思，特別是在巡遊的時候看到鄉民的熱情，就覺得既然千里來作客，為對方帶來一點歡笑，就是對人家的一點回禮。如果有香港特色就更好了，但要扮甚麼才令人一眼看得出是「Made in Hong Kong」呢？

左思右想、搜索枯腸後，李小龍在《死亡遊戲》裡面黃底黑間連身衣的造型在腦海中閃過，馬上覺得「就是他了！」雖然是年田中的氣溫接近30度，創了歷年以來的最高溫，而且我最怕熱，穿長袖長褲跑肯定熱死，但我覺得應該要堅持。為甚麼？

半年前，我認識了一位傻氣的台灣奇跑友方俊強。他曾參與阿爾及利亞的撒哈拉馬拉松，知道比賽會經過難民營後，為了逗營內的小孩子歡笑，他竟然穿著一整套由頭包至腳的白熊人偶裝跑撒哈拉沙漠！

◀ 感受過巡遊時鄉民的熱情，就覺得跑步裝扮上要多花點心思，最後選用了李小龍在《死亡遊戲》裡面黃底黑間連身衣的造型！

我不過身穿「薄薄的」李小龍裝，就更沒打退堂鼓的理由了。就是這樣，我的號碼布寫上「香港阿健」，並化身作「李小龍」，全馬生涯第一次變裝上陣。

摸黑起來看晨光

全馬的起跑時間是天未亮的6時20分。會場內洗手間尚算充足，行李寄存更是相當方便，隨便在其中一個櫃位放下行李就可以了，幾乎完全不花時間。大會的主禮台上有健身教練主持熱身操，讓早到的跑者一起跳舞熱身。

起跑區按時間劃分不同區域，不過沒有硬性規定，純粹靠跑者自律。只是人多路窄，若果不是衝在前頭起步，起步時大概只能與大伙兒一起緩緩走過起跑點。田中最初一公里的熱鬧，可及得上日本沖繩的那霸馬拉松，我又怎捨得快跑？

很快，我們離開了鎮中心，開始往郊外跑了。才跑了三公里，就已到達第一個補給站，由於參加者還沒有散開，補給站上一時間人頭湧湧。田中馬最有名的就是補給站上的美食，不停下來大快朵頤就對不起自己了。水和運動飲料就不消說，補給站上還排滿了已經切好的檸檬和柑桔片，另外一盆又一盆滿滿的西瓜和小番茄就伴著鹽巴和話梅粉供給跑者們享用。天呀，果然是地道又新鮮，好味呀！

同行的跑者回憶說，沒想過在補給站的生果旁邊竟然還有話梅粉，真是令水果「好吃到了一個點」。這個說法，一點都不誇張。

補給站大概每三公里出現，跑田中馬，絕對不會覺得肚餓或口渴。

TIANZHONG

不過跑了五六公里，身邊已全是稻田了。陽光越過山脊，把快要秋收的稻田染得一片金黃。田陌上的風景配合著微涼的天氣，這種晨跑實在是賞心樂事。

天堂路與好漢坡

大會怕跑者忽略爬坡的路段，總是不停強調賽道有兩個頗費勁的山要爬，還把這兩段位於10至20公里的山路，稱之為「天堂路」與「好漢坡」，有了心理準備，跑起來便不會覺得太難受了。

技術一點來說，「天堂路」要在短距離內爬升有85米，「好漢坡」則有140米，路雖然很斜，令大部分人都要改用走的，但幸好很快看到斜路的盡頭，還不算太吃力。下坡的幅度則相對和緩，跑起上來更是輕鬆，這段路慢上快落，甚至可以算是一種休息呢。

所謂登高望遠，到達「好漢坡」的山頂時，可以俯瞰田中鎮市全貌。山頂還有一個大補給站讓你休息。

這樣的山，不怕爬，值得爬。

設計馬拉松路線並不容易，最難是劃一條不重複而風景優美的路線，因為受影響的範圍也很廣，這對賽會是極大的挑戰。另一極端是帶跑者到一條人煙稀少的路，跑夠長度就回來，田中馬也是這樣安排，相信這是因為地方太小，所以才採取非不得已的下策。

二水鄉與八堡一圳

從「好漢坡」下來後，差不多已完成半程了，然後朝四公里外的二水鄉折返點跑。來回一次二水鄉後，又沿著去程時的八堡一圳（當地的人工水利河道）跑一個來回，足足18公里風景平淡乾澀的路程，跟田中鎮附近的熱鬧和熱情形成了強烈的反差。

1	陽光越過山脊，把稻田染得一片金黃。
2	天未亮，大會主禮台上有健身教練主持熱身操，讓跑者一起跳舞熱身。
3	起跑了！
4-8	紅、黃西瓜、芭樂、鳳梨、肉燥麵、焙蜆、糖麻花……地道特產補給源源不絕。

```
1 | 2
  | 3
45678
```

加上此時的氣溫已升過30度，沒有阻隔的陽光直曬在頭上，跑起來更覺艱難。這一段堆砌出來的里數，跑不跑也沒有甚麼損失。

好在沿途的補給不絕，不少鄉民更動用自宅的水喉向跑者噴水降溫，但我在28公里處也得投降，要借鄉民的地方休息一會。

「不好意思，我坐一下可以嗎？」

路邊的鄉民讓我坐下來，還送一瓶水給我喝。

「天氣很熱哦，慢慢跑，小心身體喲！」

鄉下地方，或許沒有城市的種種方便，卻是吃菜有菜味、吃雞有雞味，人也有人情味。全部都是香港本來都有，卻漸漸消失的味道。

 ## 浩浩蕩蕩的百馬軍團

要數說台灣跑馬的獨有文化，不得不提「百馬團」。台灣跑者相當重視跑馬的數量，不少賽事會提供「初馬獎」給第一次完成的跑者，到「五十馬」或「一百馬」這些里程碑時，其所屬跑會的隊友，更會組成陪跑打氣團，背上「祝賀某某破百馬大關」的旗幟，和主角一起跑到終點，場面既有氣勢又溫馨感人。

這次，就有一位頭髮花白的前輩要破百馬，幾十位跑友持旗陪跑，如同行軍般壯觀。跑到38公里補給站，全隊人重新集合，還點起鞭炮以壯聲威。霹靂啪啦的爆竹聲，真是台灣獨有的風味。

那位百馬伯伯跑得不快，但步伐穩定踏實。看在眼裡，我很希望自己也能這樣活到老、跑到老。

1		
	2	3
4	5	

1　　爬升140米的「好漢坡」

2-3　30度高溫加上陽光直曬在頭頂，不少鄉民更動用自宅的水喉向跑者噴水降溫。

4-5　是次有位頭髮花白的前輩要破百馬，幾十位跑者持旗陪跑，更在補給站點起鞭炮以壯聲威。

回到田中的懷抱

最後幾公里，拖著疲乏身軀，終於跑回田中的懷抱，終於跑回田中的懷抱，遠遠就聽到大街上傳來的打氣聲。街上的打氣隊伍即使已站了幾小時，卻未見有疲態，男女老幼仍然盡力為跑者打氣，把西瓜、食物及飲料滿滿的送上。

田中鄉民視跑者為這場祭典的客人，總希望能盡地主之誼，讓你盡興而歸。

「阿健加油！」

聽到鄉民從老遠喊著我的名字，精神頓時為之一振。號碼布並不是囚犯的號碼，印上斗大的名字，就是為了讓大家在芸芸眾人中把你認出來。

「噢 Bruce Lee！帥啊！」

對，這一刻我也是李小龍。即使很累，但還得打起精神，「啊噠！」擺一個李小龍的架式出來，逗得打氣站的鄉民們都笑了。

海外跑馬拉松，是千里之外的一期一會。跑過的風景、見過的人，都可能不會在此生再遇上。停下來和田中大媽一起跳一段電音cha cha、與大叔合唱卡拉OK、和學生們合照一幀，為彼此留下一個歡樂的回憶才是正經事。

「你是從香港來啊？這麼遠，有這麼愛跑厚？」打氣站的阿姨一臉驚奇地問。

「就是因為田中辦馬拉松我才過來的。」我笑著又吞下了一片黃西瓜說：「啊，好甜！讚！謝謝你們！」

這一份甘甜可不是裝出來的。他們為你忙了好幾天，一聲感謝，還抵不過得他們這一路上為你準備的一切。我的心中不住的響起《流浪到淡水》：

「人生浮沉　起起落落　毋免來煩惱　有時月圓　有時也抹平
趁著今晚歡歡喜喜　鬥陣來作伙　你來跳舞　我來唸歌詩
有緣　無緣　大家來作伙
燒酒喝一杯　乎乾啦　乎乾啦」

一路與鎮民嬉戲，一路感謝，就這樣跑完這最後的幾公里，完成了田中馬拉松。

後記：
「別急！」

一個馬拉松主辦者的品性，就看它如何對待跑得慢的跑者。

一位同行的慢跑者希望六小時內完成，最後一兩公里盡力加速跑，怎料旁邊的工作人員竟拉住他說：「別急，還不到關門的時間，天氣很熱，要保重，慢慢跑喲。」

這樣緊張跑者安全，工作人員真的把你當家人般看待。

最後一名跑者差不多6.5小時衝線，幾輛綿羊仔（機車）就在後面全程護送。

沒有催趕，超時也等你回來。有田中這樣的馬拉松，台灣人是多麼的幸福。

第二章
歐美澳篇

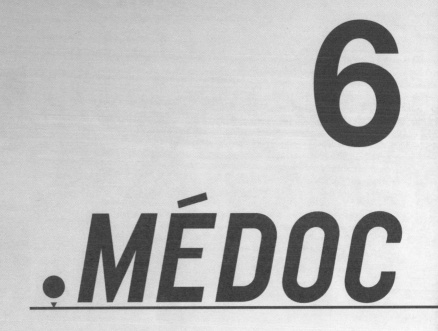

6

.MÉDOC

讓味蕾在42公里路上飛翔，在一連三天的節日，
享盡人間的美酒佳釀。

Médoc馬拉松。
Le Marathon Du Médoc

起點/終點： 法國Médoc的波亞克（Paulliac）鎮
比賽日期： 每年9月第二個周六
報名日期： 每年2、3月間
時限： 六小時半
報名費： 85歐元
名額： 8,500人
網頁： www.marathondumedoc.com

> 世上最快樂的馬拉松，
> 第一個結合跑步與喝酒
> 的比賽，即使你不特
> 別嗜酒，也應該要來
> Médoc見識。

莊曉陽評語

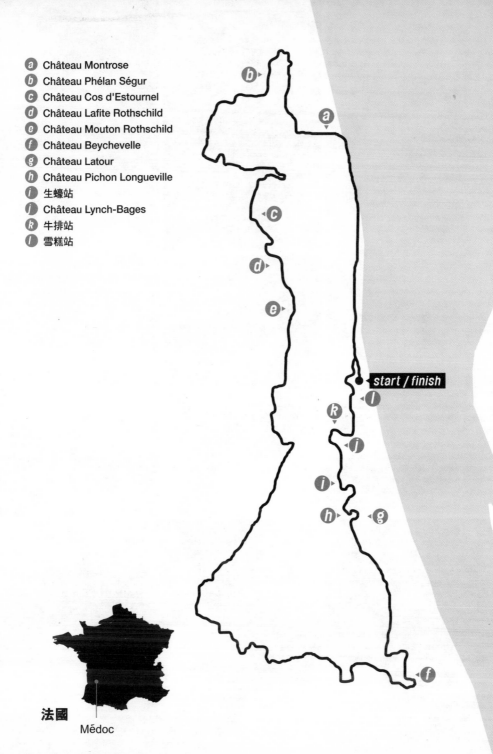

- **a** Château Montrose
- **b** Château Phélan Ségur
- **c** Château Cos d'Estournel
- **d** Château Lafite Rothschild
- **e** Château Mouton Rothschild
- **f** Château Beychevelle
- **g** Château Latour
- **h** Château Pichon Longueville
- **i** 生蠔站
- **j** Château Lynch-Bages
- **k** 牛排站
- **l** 雪糕站

start / finish

法國
Médoc

Médoc馬拉松。
舌尖上的42公里

Facebook未面世的年代，法國Médoc（梅鐸）馬拉松是傳聞中的桃花源，是鮮為人知的秘密。我是2008年第一次去Médoc旅行，從民宿老闆娘口中，才得悉這個可以邊飲邊跑，沿途有生蠔、有牛排提供的比賽。她告訴我：「Médoc馬拉松很好玩的，大伙兒就在窗外跑，若你明年來參加，一定要提早告訴我預留房間，波亞克（Paulliac）鎮只有五千人，但來跑步的，未計親友至少也有近萬人！」

她把舊的比賽場刊給我，我翻幾頁後已決定翌年（2009年）一定要參加，結束法國旅行回家後，我立刻與老闆娘訂好翌年的房間。

第一次參加Médoc馬拉松的經驗，恍如一場震撼教育。世上就是有些比賽，要你不要太嚴肅、不要太認真、不要跑得那麼快，要你用吃喝玩樂的態度，好好慢慢享受沿途的美酒佳餚。我度過人生最快樂的三天，並認識了賽會的公關Ceran Jean Yves，隨後亦在一本雜誌的旅遊版報道了賽事。

到2014年9月，我有機會再跑Médoc馬拉松。闊別五年，這場美酒、美食、跑步的派對依然華麗，甚至比五年前更盛大，而最大的分別是這場派對，多了一大堆台灣和香港的跑者參與，以前又怎可能在波亞克街頭、在比賽暨周邊活動上，聽到國語和廣東話，包括對母親的親切問候？

Médoc馬拉松通常於每年的2、3月間開始報名，有興趣參加的朋友，切記留意比賽的網站了，因為Médoc馬拉松報名太受歡迎。但報名難只是其一，還要解決住宿的問題，正如民宿老闆娘所說，若不提早一年或九個月訂附近的酒店，恐怕只能住在幾十公里外的波爾多。

大概也知道找房子的困難，Médoc馬拉松的大會，近年推出報名連晚酒店的套餐，並安排專車於比賽日接載跑者來往波亞克和波爾多，但名額也是相當有限，也不見得方便，所以不少歐洲的參加者寧可租車，在波亞克的空地紮營睡兩晚算了，最多找個地方洗澡便是。

盲打誤撞的意外

Médoc馬拉松是跨周末的大型節日。比賽於周六舉行，周五當天波亞克河畔如年宵市場般熱鬧，有各式各樣的美酒美食攤檔，單是免費試飲已可讓你醉上幾回了；當天晚上還有於列級酒莊①舉行Pasta Party，千多人在巨型帳篷下同享晚宴，還有璀璨的煙火在古堡的上空綻放；比賽翌日，還有酒莊漫遊團與葡萄園午宴，讓跑者鬆一鬆，讓跑者連續三天沐浴在酒桶中。

酒，是Médoc馬拉松理所當然的語言，今已再沒有人質疑邊跑邊飲的安排了。但究竟誰是第一個狂人，提出比賽飲酒這個絕不正常的喪主意？

過去六年間，我也參加過Médoc的其他運動，而職員和義工來來去去都是同一批人。對他們來說，我這個黃面孔熟客相當容易辨認。在Jean Yves先生引薦下，這次有機會認識Médoc馬拉松的賽會主席Vincent Fabre，更有幸得到他的招待，在他的Château Lamothe-Cissac住了三天。

Vincent Fabre本身是Château Lamothe-Cissac酒莊的莊主，在上梅鐸（Haut Médoc）及瑪歌（Margaux）都擁有葡萄園。他的祖先於上一個世紀移民到法屬北非釀酒，摩洛哥、阿爾及利亞獨立後，他的祖父把所有財產變賣，一家人遷回法國並於Médoc買下了酒莊。每年的Médoc馬拉松，Château Lamothe-Cissac都接待不少記者和比賽贊助商，我亦把握機會向Fabre先生請教很多關於Médoc馬拉松的事。

原來今天大家跑步有酒飲，是源於一場盲打誤撞的意外……

「Médoc馬拉松有六名創辦人，當中有四個是醫生，他們當時純粹希望在波亞克一帶，辦一個42.195公里的馬拉松比賽。喝酒，還是留待比賽結束後好了，完全沒有想過沿途要提供酒精給參加者。」Fabre說。

① Médoc地區的酒莊，於1855年應法皇拿破崙三世的要求分為五級，上榜的酒莊獲稱為列級酒莊。

	1	
2		3

1 位於 Haut Médoc 的 Château Larose Trintaudon 酒莊
2 Médoc 馬拉松的主席 Vincent Fabre
3 9月是收成的季節，田野全是飽滿的葡萄。

Château
Phélan Ségur

1985年舉辦的第一屆Médoc馬拉松約有五百人參加。當年沿途並無酒飲,只是一個比時間的競賽。

第二屆Médoc馬拉松,有一個酒莊忽發奇想,在16公里處放酒給跑者享用。這個別開生面的安排,贏得參加者的掌聲,也擴大了大家對馬拉松的想像,原來喝喝酒也沒有甚麼大不了。

「賽後的反應不錯,其他酒莊亦覺得這是很好的宣傳機會,更樂意在比賽當日開放酒莊,讓路過酒莊的跑者Tasting。我們稱之為Tasting的淺酌,這就成為了Médoc馬拉松的傳統。」Fabre說。

今天,享樂已是Médoc馬拉松的目標之一,追求PB是一種罪過。正如大會的網頁所說:

「If you believe sport is synonymous with health, fun and conviviality then this marathon is for you. Spoilsports, thugs and record seekers are not invited!」(如果你相信,運動等於健康、樂趣與歡宴,這個馬拉松是為你而設。破壞歡樂氣氛、惡棍及希望打破紀錄者,我們不會歡迎。)

想起某香港旅行社的Médoc馬拉松團,竟以sub 3金牌教練隨團為賣點,真是教人哭笑不得。

日本人與 Médoc 馬拉松

撇除歐洲人,參加Médoc馬拉松的外國人之中以日本人最多。Fabre的酒莊還接待了日經記者長谷川聖子及日本放送協會(NHK)法籍主持人Dora Tauzin。操流利日語的Tauzin小姐,每年有一半時間住日本,一半時間住法國,期間都會順便來Médoc馬拉松,是她率先把這個比賽介紹到日本。

「1998年,我在Tarzan運動生活雜誌,寫了日本第一篇關於Médoc馬拉松的報道。碰巧當年日本亦開始第一波的紅酒熱,比賽順勢受到跑者的注意,日本記者亦相繼來到Médoc報道賽事。

「當時我也沒有料到，今天會有這麼多日本人來跑Médoc馬拉松呢！這幾天我還以為回到日本了，街頭到處都是講日語，感覺有點怪怪的。或許我當初就不應該推介給日本人，就讓Médoc馬拉松繼續是一個法國本土的比賽好了。」她笑說。

「日本人也不錯啦，香港旅行社的Médoc馬拉松團，更以教練隨團為賣點呢。你說是否更奇怪？」我說。

旅行也應該入鄉隨俗，若連跑Médoc馬拉松都對PB念茲在茲，也太傻了。幸好也不是個個香港跑者，都對成績如教條般的執著，例如我在起點看到化妝上陣的香港跑者、在Château Phelan Segur酒莊午宴碰到的三位女士，她們就相當懂得歎世界了。

Cru Bourgeoisie的Château Phelan Segur酒莊②，在比賽前三天起，都提供「Special Get Ready for Marathon」的午宴和晚宴，由莊主或高層親自招呼，酒莊的總廚親自設計及烹調菜式，盛惠每人75歐元，讓跑者在如詩如畫的莊園，享受奢華的Carbon-loading。

嫌貴？還未算呢！賽前一晚及賽後晚上的「Special Truffles Pasta」及「Special Recover from Marathon Menu」，每位分別是130歐元及110歐元。

不是人人都捨得花這麼多錢吃一頓飯，但美景當前，有酒莊高層陪吃，還有無限量的Château Phelan Segur紅酒供應，也算是難得的經驗了，還可以順道參觀他們的酒窖。

Château d'Issan 的 *Pasta Party*

此外，賽前一晚的Pasta Party和賽後的酒莊漫遊團，都是不可錯過的環節，只有參加過所有活動，你的Médoc馬拉松經驗才算圓滿。跑馬拉松前要多吃碳水化合物是常識，Pasta Party就是最好的機會，讓參加者一起「加碳」、一起狂歡，以最輕鬆快樂的心情，迎接翌日的比賽。

② Médoc的酒莊有分級制度，Cru Bourgeoisie是指列級酒莊以外，有一定水準的酒莊。

1	2
3	4

1 晚宴壓軸的煙花，在城堡上的天空綻放。

2 等到晚上，終於可以喝不同年份的 Château d'Issan 的正牌和副牌酒了。

3 Pasta Party 於大帳幕內舉行，跑者都會走上舞池跳舞。

4 到 Château Phelan Segur 酒莊午宴的賓客，可以參觀酒窖和試幾款不同年份的酒。

每年的 Pasta Party 輪流由不同的酒莊做東，並提供全場的紅酒，好讓參與者每年都可以品嚐不同的佳釀。這次做東的，是距離波亞克約 20 分鐘車程、位於瑪歌的 Château d'Issan。

Château d'Issan 的葡萄園，以斑駁的矮石牆圍起，莊園歷史可追溯至一千年前。相傳中世紀其中一位最有權力的女貴族，Eleanor of Aquitaine（Aquitaine 是法國西南的省分）的第二次婚姻，宴會的酒就是來自該酒莊。

黃昏 6 時左右，酒莊已在草坪設酒會恭候參加者，還有樂隊伴奏，打頭陣的是三款 Sauternes 的甜酒，開完一支又一支，足以讓你升仙了。奉勸各位先忍一忍口，因為酒莊最好正牌酒[3]，會留待晚宴時才奉上。

晚宴於一個可以容納 1,500 人的大帳篷舉行，台下觥籌交錯，台上樂隊和歌手賣力表演，跑者無論喝醉還是清醒，都一起上舞池跳舞了。

Château d'Issan 的正牌酒我還是第一次喝，充滿強烈、濃郁又澎湃的櫻桃味。直至差不多要上甜品時，壓軸的煙花環節到了，一切音樂忽然間停頓，眾人一起移玉步到室外，看煙花在城堡的夜空上綻放。轟隆的爆炸聲震耳欲聾，距離之近，彷彿花火將會墜落你的頭上。

強大的民間力量

Médoc 馬拉松的靈魂不在於紅酒，也不在於吃喝玩樂跑、飲飽食醉遊，而是比賽展現的強大民間力量。若沒有當地人的全力支持，單憑賽會與酒莊，是沒有可能辦這個複雜、龐大而又有感染力的馬拉松。

牟利並不是 Médoc 馬拉松的目的，亦正正因為比賽不是為了牟利和自肥，也不是賽會、贊助商和酒莊的私產，而是一個讓眾人可以參與和投入的社區活動。Médoc 一帶的人口還不到十萬，但參與的義工多達 3,200 人，還未計沿途打氣的居民及每個酒莊招待跑者的職員，以比賽 8,500 名參加者計算，跑者與義工的比例少於三比一，而絕大部分義工都是一年復一年來幫忙，對流程安排耳熟能詳。

[3] Médoc 的酒莊一般出產至少兩款紅酒，正牌由最好的葡萄釀製，副牌／二軍酒由其餘的葡萄釀製。

83歐元的報名費包含了甚麼？有一件Asics Tee、精心設計的獎牌、一支中價的Finisher Wine連特製木盒及Riedel酒杯套裝，單是這幾項既珍貴又特別的紀念品已物超所值了，還未計42.195公里上提供的各種食物、開幕禮的表演、20多個酒莊的靚酒，以及賽後的補給呢。

「整個馬拉松只有一個全職職員Albert及幾個臨時工，包括與你溝通的公關Jean Yves，除了他們幾個人要支薪，大會的其他人，包括我在內都沒有收一分錢。我們把跑者的報名費，全部用在比賽上，連儲備也不會留下。」大會主席Fabre説。

的確，若沒有社區和群眾一同協力，一個只僱用一個受薪職員的機構，怎可能辦一個譽滿全球、一連三日的大型馬拉松節日？

42公里的暢飲

吃過早餐後，Fabre開一輛七人車，載記者們和贊助商代表到比賽的起點。

在Médoc馬拉松的世界，這42.195公里路並不是受苦、不是痛楚、不是長征，而是跑者的遊樂場，喝多一點酒、拍多兩張照片、吃多兩件生蠔、結識多些新朋友，用盡時限，享受整個比賽的過程，才會不枉此行。

跑者的化妝依然精彩，香港跑者往往不太投入，遠遠不如日本和台灣跑者般花枝招展。不過最誇張、最驚嚇的一定是歐洲人，各種各樣、傳統現代、電影人物、奇珍異獸的裝扮都有，有如電影《翻生侏羅館》（Night at the Museum，台譯《博物館驚魂夜》）的場面。更有三五成群的朋友，合成一個團隊、一組戰陣，穿相同的服飾，再推一輛由單車裝扮的戰車、帆船或神像，如行軍打仗般威風凜凜。

1 | 2

1 Médoc馬拉松完賽後，除了獎牌之外，還有紅酒及紀念木盒和Riedel酒杯一盒。

2 馬拉松的獎牌

▲ 法國南部的9月天仍然熱，有住戶開水喉，為跑者降溫。

▲ 打氣的小女孩

雖說跑 Médoc 馬拉松是享樂，但你也要有基本的體能和訓練，因為 Médoc 的地勢高低起伏，跑葡萄園的沙石路也格外吃力。

賽道如垂直的橢圓形，跑者於波亞克市中心出發，逆時針先跑上聖埃斯泰夫（St. Estephe），再南下波亞克及聖朱利安（St. Julien）並折返，最後返回波亞克，沿途大約穿過接近 50 家酒莊，包括頂級的 Château Latour、Château Mouton Rothschild 及 Château Lafite Rothschild，當中約有三分之一酒莊提供紅酒。

不用擔心空肚飲酒，因為這是 42 公里的大食會。頭兩公里已有一個早餐站，有大量包點供應，讓無時間吃早餐的跑者打個底，隨後的水站都有餅乾、蛋糕及窩夫等簡單的食物。

當你有少少飄浮的感覺，就正式進入 Médoc 馬拉松應有的狀況了，直至迷迷糊糊後，你不再用雙腳跑，而是用舌頭慢慢滑過這 42 公里，身邊的葡萄樹和酒莊如飛如去。為了喝下一款酒，寧可跑快一點，到達酒莊後再慢慢歎，與其他跑者和義工碰杯「Cheers」，灌了無數杯後，我再也分不清楚每個酒莊的酒有甚麼不同了，總之就當集郵一樣，每一款都要試試。

Château Lafite Rothschild 在 26 公里附近，拼老命喝 Lafite？即使在這裡跑死喝死，也是死而無憾了。

生蠔、牛排、雪糕在 38、39 公里，為最後一段路加油。「撞牆」（Hit the wall，即出現肌肉疲勞、肝臟醣分耗盡、無能量繼續跑下去的狀態）不要緊，請停下來慢慢品嚐。凍生蠔鮮甜多汁，伴酒一流；牛排即場由義工用炭爐煎，再剪成一小塊讓大家取。

當天的天氣特別炎熱，大會酌情把原定的 6.5 小時時限，增加至 7 小時，讓絕大部分跑者開開心心完成賽事。我也再突破個人最差的紀錄，以 6 小時 48 分完成。

1　Médoc 地勢高低起伏，也要有足夠訓練和體能，才有能耐在路上吃喝玩樂。

2　除了跑葡萄田野，亦會穿過鎮上的馬路。

3　馳名的 Château Lafite Rothschild

1

2 | 3

.BOSTON

全世界歷史最悠久、也最難報名參與的比賽，每年都有無數的跑者，為取得比賽入場券而努力不懈。

7

波士頓馬拉松。
Boston Marathon

起點： **麻省Hopkinton鎮**
終點： **波士頓Boylston Street**
比賽日期： 每年4月第三個周一
報名日期： 每年9月中
時限： 至少6.5小時（以最遲一批出發選手計）
報名費： 240美元（海外跑者）
名額： 約30,000（以成績遴選）
網頁： www.baa.org/races/boston-marathon.aspx

歷史最悠久的馬拉松比賽，世上六大馬拉松之一，若以參加人數計，為世界第六大馬拉松比賽。只有達標才可以報名，爭取波馬的入場券，成為很多跑者一生努力的目標。

莊曉陽評語

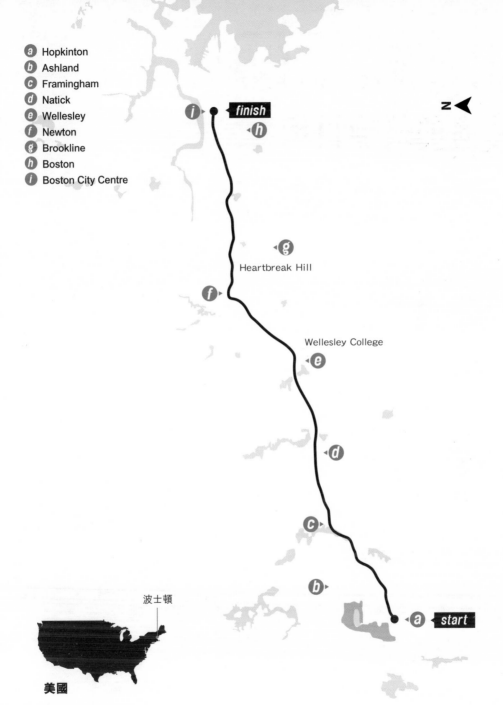

- **a** Hopkinton
- **b** Ashland
- **c** Framingham
- **d** Natick
- **e** Wellesley
- **f** Newton
- **g** Brookline
- **h** Boston
- **i** Boston City Centre

N

i finish

h

g
Heartbreak Hill

f

Wellesley College
e

d

c

b

a start

波士頓

美國

波士頓馬拉松。 7
跑者的終極目標

參與波士頓馬拉松，是每個跑者的終極目標，因為這個比賽並不是所有人都可以報名，若你是18至34歲的男士，你一定要有3小時5分完賽的紀錄，才有「資格」報名。我說的是資格：3小時5分，只是最低門檻，每年還是有數千名達標跑者，因競爭太激烈而落空了。

讀到這裡，讀者大概會很疑惑：為甚麼一個這麼慢的跑者，可以有辦法參加波馬？

話說在第一屆的大阪馬拉松期間，我認識了韓國朋友Jung，看到他身穿波馬的外套，我們便開始聊到波馬。我才知道他於一家馬拉松旅行社工作，每年都要帶團跑波士頓，因為賽會每年都預留名額，給世界各地的馬拉松旅行社，無論你跑甚麼成績，只需透過旅行社報名便可以了。

2013年，波士頓馬拉松發生大規模的恐怖襲擊。襲擊沒有擊倒波士頓人，反而激發起史無前例的團結，可以預期翌年的波馬，將是世界的焦點了。我這種慢腳根本不可能短時間內達標，香港又沒有旅行社代報波馬，找韓國朋友幫忙正是時候了。終於透過韓國的旅行社，我取到一塊波馬號碼布。

飛機上的鼓勵與歡呼

波士頓馬拉松的故事，應該從何說起？不是起跑點鳴槍一瞬間、不是取號碼布的一刻、也不是踏入Expo那一步，而是前往波士頓航班起飛那一刻。

BOSTON

暫時將時鐘撥回由紐約往波士頓的聯合航空航班。機上的乘客，十之有四都是穿跑鞋跑衣，機艙有如世界馬拉松跑Tee展場，大家為著一個目標，踏上同一班機。

空中小姐宣讀有關安全的指引後，不忘問：「多謝大家來波士頓，有哪位乘客跑波士頓馬拉松？請大家示意啦……」這句話還未說完，機上跑者已歡呼喝采鼓掌了，把起跑線上的熱鬧氣氛帶到來航班。

空姐最後鼓勵大家：「多謝大家參加，希望大家跑得好！」

這種場面在波士頓或許平常不過，但在香港，恐怕絕大部分空姐，都不知道甚麼時候跑馬拉松。

波馬賽事總監 *Dave McGillivray*

我提早兩天抵達波士頓，於民宿安頓好後馬上到Expo取號碼布。

實行聯邦制的美國，每個州都有如半獨立的國家，執行不同的法例、稅率，甚至公眾假期。波士頓位於的麻省，每年4月第三個星期一都是Patriot's Day州假期，州政府關門大吉，但聯邦政府繼續辦公。每年波馬都在這一天舉行，是世上少有在星期一舉行的比賽。

比賽前的周五至周日，Expo都有波馬與 *Runner's World* 雜誌合辦的講座，我還趕得及聽周五的最後一節，由波馬賽事總監 Dave McGillivray，講解該屆的安排和賽道特色。

▶ 波馬賽事總監Dave McGillivray
為讀者簽名

賽事總監的視野、熱誠和經驗很重要，若總監只求小做小錯，沒有追求卓越的意志，比賽只會得過且過、事事旦旦、沉悶無比。McGillivray 先生最聞名的事蹟，是曾經兩次跑步橫跨美國，由西岸跑到東岸為波士頓的慈善機構籌款。每年波馬，他都會在做妥工作後，自己落場跑一次，連續20多年不間斷至今（除了2013年恐怖襲擊的一屆）。

他一生人跑過43次波士頓馬拉松，其中26次是他擔任賽事總監期間的傍晚跑。單是他這種熱誠、堅持及對比賽的熱愛，已讓你明白為甚麼波馬可以成為一個偉大的比賽，而有些比賽只可以原地踏步。

這是恐怖襲擊後的第一屆波馬，要處理的額外功夫非常多，加上參與人數達歷來第二高，僅次於波馬百周年紀念的那一屆，本屆比賽也較以往遲結束。當跑者晚上在酒吧參與大會舉行的慶祝派對，年近六十的McGillivray 先生才剛開始42.195公里的長征。

他大約跑了四個多小時，深夜11時左右到終點。

在發問環節上，我把握機會問總監，波馬的參賽名額會否增加。他解釋了設名額要考慮的因素，大意如下：

「若果波士頓馬拉松並不設名額，可能吸引一百萬人報名，但我們要的並不是數量，因為這樣的比賽並無任可質素可言，所以比賽才有需要限名額。波馬的賽道並不太闊，其實27,000名參加者已是賽道所能容納，而參加者又有空間跑的人數了。[1]」

對講求質素的比賽，盲目追求人數創新高是沒有任何意義的，更不是值得自吹自擂的成就。辦一個無懈可擊的比賽，成為業內最高標準的模範，才是波馬的目標。

[1] 翌年波士頓馬拉松增加至三萬人

Expo 與 Pasta Party

波馬的 Expo 的規模不算大，大約是倫敦馬和東京馬的三分之二，售賣的紀念品種類遠遠比不上東京。某些款式的衣服，我只在波士頓街頭看見人穿，但沒有在 Expo 見過，估計是一早就清貨了。所以奉勸跑波馬的朋友，Expo 一定要盡快去，不要等到比賽前一日才抵達波士頓，因為正常的衣碼很快會被掃清，到最後一天往往只會剩下 XL 及 XXL 碼。

賽前一晚有 Pasta Party，已包含在報名費內了。

Pasta Party 在一棟政府建築物舉行，大會採取分流的方法，將跑者分派往不同時段，由下午 4 時起進入舉行會場。大門前的空地如露天 Food court，放滿了各類意粉和沙律，每人派一個紙餐盤取食物，我排了近一小時才取到食物。

大堂早已簡單佈置妥當，放滿了圓餐桌和椅子，讓大家坐下吃飯，有贊助的啤酒免費提供，也有投影機播放波馬的片段和音樂。離開時，每人還派發一袋有朱古力、水果、各款零食的食物包，保證到睡覺也不會肚餓。

Welcome to Hopkinton

我一直以為，波士頓馬拉松是一個跑城市的比賽。直至仔細閱讀場刊後，才發現賽道近九成的路段，都不屬於波士頓的行政範圍，起點和終點之間跨越了八個行政區，由 Hopkinton 的起點，經 Ashland、Framingham、Natick、Wellesley、Newton、Brookline 這幾個鎮，到最後幾公里才進入波士頓。

波士頓馬拉松日的天氣喜怒無常，有時很熱、有時冷雨寒風、有時風和日麗，碰上甚麼天氣視乎你的運氣了。參加者先到終點附近的公園寄存行李，再登上大會安排的黃色大校巴前往 Hopkinton。恐怖襲擊後，攜帶物品的安排收緊了，每名跑者只可以用大會提供的 15 吋乘 5 吋的透明膠袋攜帶隨身物品上車。

坐在我旁邊的是來自加州的跑者 Carol，她告訴我：「去年也有跑波馬，慶幸我今年仍然可以再跑，但我丈夫達不了標，因為男子的門檻比女子更嚴苛。」

她續憶述當時的情況：「爆炸發生後，大家都很恐慌，全市的手提電話網絡隨即停止，所有人都要留在酒店不能離開，我也錯過了當晚返回加州的航班，混亂之間大會也丟失我的行李，一星期後才寄回給我。」

窗外的風景迅速掠過，我們已沒有話題再聊了，但車子仍在看不見盡頭的高速公路上奔馳，有如馬拉松路線實景反方向高速播放。我最怕是要坐車到起點的比賽，讓你在飛快移動的車輛上，慢慢感受42.195公里是何等的遠。好不容易，才終於等到巴士駛離公路，進入Hopkinton的範圍。

起點的等候區是一塊大草坪，並有早餐提供，包括不同味道的能量棒、比高包（Bagel）、香蕉、水、能量飲料與奶茶咖啡，還有醫院的檔攤，提供防曬、凡士林以及防水藥膏給有傷口的跑者塗抹，可謂應有盡有。

最當眼的攤檔是衣物回收。在外國，跑者都習慣穿著舊衣保暖，到起跑前才丟掉，避免在寄存行李後等出發的期間著涼，影響比賽發揮及增加傷患的機會，亦可以當做善事，因為賽會收集跑者丟棄的衣物，清潔好後轉贈給當地的慈善團體。

像波馬這樣的大型比賽，每年捐出的衣物是以噸計。

波馬三萬多名參加者，按申報的成績平均分四回合出發。每一回合再細分為九個時區，時區的分配同樣按照申報的成績排序，讓最快的跑者率先出發，我們這些不以成績入圍的參賽者，都安排在最後一回合起跑。

「Welcome to Hopkinton. It all starts here. Hopkinton to Boston: 26 Miles — 385 Yards」

◀ 義工幫忙回收舊衣

飛了半個地球到波士頓。抵著寒冷的天氣，一大早起床出發，再坐一小時車去一個叫Hopkinton的小鎮，然後又用數小時跑回來，還未計算以萬計的報名費及旅費。這種貼錢買難受的折磨，卻是我們一世人必要圓的夢。

跑者，真是全世界最白痴的生物。離開這塊草坪前，不要忘記與Welcome to Hopkinton這塊版拍照，證明你已來到波馬的起點了。

Wellesley College 鬼妹熱吻大放送

波士頓馬拉松的熱鬧，與東京、倫敦、大阪差不多，沿途都是打氣觀戰的群眾。我希望把賽道的風景全都拍下來，不想錯過任何一景，因為我不知道甚麼時候，才可以再跑一次波馬了。

由於終點的海拔遠低於起點，所以波馬的賽道並不合符國際田聯認可的標準，即使破了世界紀錄也不會被承認，但這不代表波馬賽道相當容易，因為下坡的路段只集中在頭十公里，之後就有上有落了。

未來到波士頓前，我已聽説Wellesley College的女生會送吻給跑者。百聞不如一見，我終於親眼看見、親耳聽到、親嘴證實，這裡的女生，今天都可以讓你親吻，擺明車馬讓你抽水、揩油、吃豆腐，因為你是波馬的跑者。

Wellesley College是以博雅教育為宗旨的著名女子學院。蔣介石夫人宋美齡、美國前國務卿希拉莉及奧爾布賴特（Madeleine Albright）都是在這裡畢業，説不定她們當學生的年代，也曾經在這裡向男跑者獻吻？

Wellesley College的打氣聲震耳欲聾，尖叫打氣歡呼聲填滿每一吋空氣，贏得Scream Tunnel之美譽。有人嫌跑一次不夠爽，居然來回跑了兩次，我停了一會觀察，發現大部分男跑者可能怕尷尬，十居其九其實都不會停下來與女生親吻，但個別肆無忌憚男跑者飛擒大咬，又熊抱又親嘴，「吃相」相當難看呢！

除了女生外，也有個別男生獻吻，但似乎不太受歡迎了，我完全看不到有女跑者停下來吻男生。至於我吻了多少個？若有機會出下集，到時再告訴大家好了。

1	波馬Expo會場的通道	

2-4　大會提供大量的能量棒、比高包，以至太陽油、凡士林及防水藥膏，應有盡有。

5　波馬位於Hopkinton起點區的牌，跑者出發前都會在此拍照紀念。

Heartbreak Hill

波士頓最聞名的一段斜路，是第32公里左右，位於Newton鎮的心碎丘（Heartbreak Hill）。

波士頓馬拉松草創初期，這一段斜路已被跑者稱為心碎丘，由《波士頓地球報》的記者Lawrence Sweeney於一百年前命名。隨著有波馬經驗的跑者愈來愈多，在心碎丘「撞牆」已成為跑者的集體回憶。「The big hill... has kill off many ambitious marathoners.」當年的《波士頓地球報》如是說。

我還以為，心碎丘應該很陡，既然這麼聞名，路上應該都有個牌，寫上Heartbreak Hill？我開始左望右望，尋找心目中這塊寫上Heartbreak Hill的路牌。

這段路是有點斜、也有點長，慢慢跑還可以，但感覺不像是一座山，或許是攻上山前暗斜？當我仍在找那一塊未必存在的路牌時，發現路旁有一道寫上「The Heartbreak is Over」的吹氣拱門……噢，心碎丘已經過了？

不明不白地上了心碎丘，胡裡胡塗地到了頂，感覺有點怪怪的，就像做blind tasting一般，灌進肚才知道那是好酒。

過了心碎丘，看到馬路上的輕鐵軌，終於抵達波士頓的邊緣了，剩下的路程大約等於筲箕灣至中環的距離。我的雙腳開始不聽命了，但兩旁的打氣聲不斷替你加油、Give me Five，努力為你打氣，抵消每一步都在熬的疲倦，直至衝線一刻。

比賽結束，但不代表波士頓馬拉松的活動完結了。當天晚上還有壓軸節目House of Blue酒吧晚上舉行的Post-Race Party。回到民宿洗過澡後，又要匆匆再回到波士頓市中心。

雖然酒吧只提供啤酒、三文治、鹹餅及爆谷等食物，對跑步後的復元沒有甚麼幫助，但各位千萬不要缺席或早走，因為同場加映頒獎禮，男女子輪椅賽冠軍及首十名的跑者都會上台，與台下一眾參賽者分享喜悅。

每一名跑者上台，大銀幕播放他/她衝線的片段。多年來，波馬的男女子冠軍都是由外國人取得，本屆終於由Meb Keflezighi替美國奪回冠軍了，男女子冠軍舉起獎盃的一刻，全場陷入狂歡……

是屆的波士頓馬拉松，也劃上圓滿的句號。

```
 │ 2
1│─
 │ 3
─┼─
 │ 4
```

1　小孩跳彈簧打氣，好開心。

2　代表心碎丘過了的吹氣拱門

3　有當地人搭建了看台觀戰，並模仿終點附近的 Prudential Centre。

4　比賽日晚上在酒吧進行的頒獎派對，男女子冠軍上台領獎。

BIG SUR

美國最受歡迎的郊外比賽，讓你跑到天與海的盡頭，
享受一場只預留給跑者的鋼琴獨奏會。

8

Big Sur 馬拉松。
Big Sur International Marathon

起點：	Big Sur Station
終點：	**卡梅爾（Carmel）鎮郊外**
比賽日期：	每年4月下旬，波士頓馬拉松後的下一個周日
抽籤日期：	每年7月
項目：	設馬拉松、四人馬拉松接力賽、21英里、 10.6英里、9英里及5公里賽
時限：	六小時
報名費：	150美元
名額：	所有賽事總共約一萬人
網頁：	*www.bsim.org*

美國最受歡迎、風景最優美的比賽之一，也是美國最大規模的郊外馬拉松。

莊曉陽評語

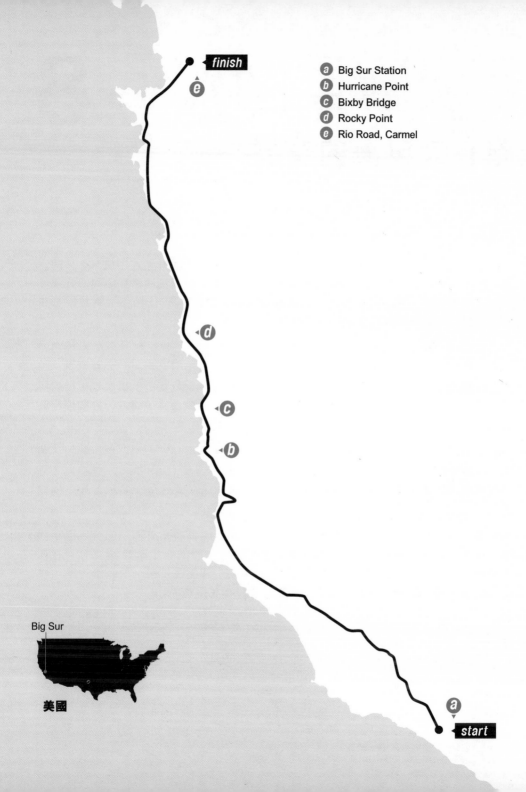

finish

ⓔ

ⓐ Big Sur Station
ⓑ Hurricane Point
ⓒ Bixby Bridge
ⓓ Rocky Point
ⓔ Rio Road, Carmel

◄ⓓ

◄ⓒ

◄ⓑ

Big Sur

美國

ⓐ

start

Big Sur 馬拉松。
跑在天與海的交界

蒙特雷（Monterey）半島位於舊金山以南約160公里，是西班牙人在加州最早開發的地區，半島的南方是 Big Sur（大蘇爾）海岸，蜿蜒曲折的柏油路把山與海分隔，一邊是萬里汪洋，另一邊是陡峭高聳的懸崖山脈。每年4月，Big Sur馬拉松都在海岸公路舉行，吸引世界各地的跑者遠道前來。

多得各方跑者的推介與口碑，這個以風景優美為賣點的郊野比賽，已成為美國其中一個最難報名的賽事，更獲 Runner's World 雜誌譽為美國必跑的三大賽事之一，與紐約和波士頓馬拉松齊名。因為 Big Sur 馬拉松每年都是在波士頓馬拉松後的周日舉行，比賽同時設有 Boston to Big Sur Challenge 的項目，讓六天之內連跑波士頓和 Big Sur 馬拉松的跑者，取多一枚獎牌作獎勵。

Big Sur 馬拉松的大本營設在蒙特雷，馬拉松相關活動都在這個小鎮舉行。由三藩市前往蒙特雷，大約需要兩個小時車程，三藩市和聖荷西（San Jose）的機場，每小時都有小巴前往蒙特雷，經過矽谷和太平洋海岸，直接送每一名乘客往下榻的酒店。

加州原本屬西班牙的殖民地。殖民地獨立了，加州成為墨西哥的一部分，但墨西哥在後來的戰爭中敗給美國，加州被美利堅吞併了，變成合眾國第34個州。在西部探險的年代，蒙特雷曾是加州的首府，加州第一個劇院、第一份報紙、第一幢公共房屋、第一間公共圖書館和第一所官立學校都在這裡。

今天的蒙特雷只是一個人口不足三萬人的悠閒小鎮，停泊在漁人碼頭的遊艇，多於路上的車輛。市內建築物都是刷白的牆配橙色瓦頂，充滿西班牙南部的情調，街道整齊清潔，沒有美國大城市的髒亂。

向傳奇跑者致敬

Big Sur馬拉松於周日舉行，賽會於周五傍晚，在市內最高的建築物JW Marriot酒店頂樓設酒會，宴請贊助商、媒體和其他嘉賓。居高臨下，一邊喝酒看日落，一邊與其他跑者、大會代表和當地媒體交流，確是人生一樂也。

Big Sur馬拉松有一個名為「Grizzled Veterans」的元老會，只有每屆都參與的跑者（第一屆於1986年舉辦），才有資格加成為會員，「Grizzled Veterans」目前只有16名跑者，最年輕的是55歲，最年長的是78歲。酒會壓軸的環節，是公開表揚一名資深跑者兼元老會榮譽會員Larry Wilson先生，由大會主席致送紀念Tee，答謝他過去多年來對比賽的支持。

反觀香港的傳奇跑者葉明倫（1921-2014），他在世時從來沒有得到香港渣打馬拉松頒贈的榮譽或公開肯定。渣馬甚至沒有破例讓葉伯完成一次退休告別賽，總是按慣例以超時為理由截他上車，也不曾考慮邀請他擔任賽事的主禮嘉賓。葉伯過世了，渣馬也沒有儀式向他致敬，實在令人遺憾。

反而是香港跑者有情，不忍心看見壯志未酬的葉伯，以上車作馬拉松生涯的句號，他們曾合資請葉伯跑較有人情味的廈門馬拉松，讓他圓滿結束馬拉松生涯。[1]葉伯過世了，跑者亦先後舉辦民間的紀念跑，向葉伯作最後的敬禮。

Big Sur馬拉松於早上6時45分起跑。由於起點位於老遠的郊野公園內，參加者都要在蒙特雷或鄰近的卡梅爾（Carmel）鎮，於凌晨4時30分坐大會安排的黃色大巴。我以為只有東南亞和香港，跑步才需要這麼早起床，原來在馬拉松普及的美國，都有一早出發的比賽。

---

① 詳見園丁〈記葉伯最後一次海外馬拉松征戰〉，主場博客，2015年1月5日。

1　蒙特雷（Monterey）一帶有產酒區，馬拉松推出特別版紅酒和白酒。

2　參與Boston to Big Sur連馬挑戰的跑者，可以獲頒多一枚獎牌。

3　最高點Hurricane Point的指示牌很小，差點看不到。

4　比賽的里數牌有心思，由不同的商戶及有心人贊助，用不同的卡通鼓勵跑者。

記得比賽的網頁曾警告：賽道多上坡路，而且還會刮逆風，挑戰馬拉松的參賽者要有心理準備。不過，這警告大概不適用於香港跑者，我們好歹也受過渣馬的訓練，見識過出西隧如爬牆般的急斜，對跑斜路都有股近乎病態的興奮[②]。

Hurricane Point

20公里左右的Hurricane Point是Big Sur馬拉松的最頂峰，我不經不覺已跑了三公里長斜路。上山前，主辦單位特別在山腳安排太鼓陣，「轟隆、轟隆」為跑者加油，到山腰又有中學生爵士樂團表演，鞭策跑者繼續前進。

不少人在Hurricane Point停下拍風景，又互相幫忙拍照，因為這裡的景觀最遼闊，看到蜿蜒曲折的海岸線一直伸延。怪不得大會提醒跑者，不要忘記帶備相機，方便隨時拍下沿途的景色。

每次跑過風景優美的路段，我總會有一絲「如果在這條路上辦比賽便好了」的念頭。30年前，當地一位法官Bill Burleigh亦抱著同一想法。

上帝劃好的賽道

家住Big Sur附近的Bill，每天都會駕車沿海邊公路前往卡梅爾鎮。這條公路，有一塊寫上「距離26英里」的指示牌……

26英里，對一般人只是一個沒有意義的數字，只有跑者明白，26英里不就是馬拉松的距離？[③]每天都看到這塊牌，Bill想：「既然上帝已在這段壯麗的海岸，劃好了一條馬拉松路線了，為甚麼不在這裡辦一項馬拉松？」

從沒有跑過馬拉松的Bill只是一名普通跑者，但勝在有一點主辦賽事的經驗，他創辦的Big Sur River Run慈善十公里比賽，剛剛舉行了第三屆。Bill把辦Big Sur馬拉松的概念與跑者分享後，跑者都鼓勵他去嘗試爭取，Bill用了一整年的時間，游說市議員、市政府、當地商會、商界老闆以及其他有興趣的朋友，希望得到他們的支持。

② 詳見本書附錄〈 香港渣打馬拉松‧給慢腳的完賽攻略 〉
③ 以英里計，馬拉松的長度為26英里385碼。

構思中的比賽不以牟利為目標，所有收入撥捐當地的慈善團體。游説的工作費時但順利，所有人都喜歡這個概念，沒有一個人反對。取得地區領袖的認同後，Bill 把主辦 Big Sur 馬拉松的計劃，呈上加州州政府審批。

若果第一屆 Big Sur 馬拉松順利舉行，如童話故事的大團圓結局，這也太過不合常理了。世事豈能盡如人意？終於在州政府的層面，遇到了一點阻力⋯⋯

「喂，每年都有好多人想辦類似的活動。如果我們這次開綠燈，下次有單車賽、有跑步會的申請，我們有甚麼理由推？」州政府中人似有保留，不願意支持計劃了。

怎麼辦好？ Bill 也不是省油的燈，他托一位富可敵國兼與州長有交情的朋友當説客，遊説州長支持。朝中有人好辦事，州政府終於發出批示，同意讓 Big Sur 馬拉松於 1986 年先試辦一年。

第一屆比賽吸引入 1,800 名跑者參加，Bill 甚至為賽事墊支了七千美元，這筆錢在當年可算是鉅款了。比賽大部分時間都相當順利，但到最後階段出事了，有當地居民無視封路，竟然爭相把車開進了賽道，四五十輛車把最後幾公里的賽道堵了，連引領前列運動員的領航車也被塞在路上。

這可能是馬拉松有史以來，第一次有領航車遇上塞車。Bill 坐在領航車上進退不得，當他看到跑者陸續超越領航車，並在車與車之間穿插前進，心涼了一大截的Bill，已有心理準備 Big Sur 馬拉松將淪為笑話，日後休想再得到地區人士與州政府的支持了。

沒料到，跑者又不太介意混亂，終點衝線的氣氛超好，當地傳媒對比賽亦有好評，大伙兒都期待翌年再有比賽。雖然有居民因封路而反對再辦，但得到州政府的支持下，Big Sur 馬拉松可以繼續辦下去。

發展至今天，Big Sur 馬拉松已是譽滿國際的比賽，每年吸引一萬名來自美國 50 個州及大約 30 個國家的跑者參與，更獲 *Runner's World* 的 Chief Running Officer Yart Basso 譽為「一生人必要參加的比賽」。

1
2 | 3

1 看海，是跑 Big Sur 馬拉松的最佳享受。
2 山腳的太鼓陣，在上比賽最高峰前為跑者加油。
3 沿途有不少打氣團，增添賽事氣氛。

比賽人數的考慮

Big Sur馬拉松的全馬名額有4,500個，連同馬拉松接力賽、21英里、10.6英里、9英里及5公里賽約5,000個名額，總共只容納一萬人左右。我有點不明白，既然比賽受歡迎，賽道的公路又寬闊，為甚麼不增加馬拉松參賽者的名額，讓多些跑者參與？

賽會的公關主任Julie Armstrong解釋：「我們不能再擴大比賽的規模了，因為我們只有185輛大型巴士可以動用，接載跑者到起點。」其次是停車的空間，單是接載跑者的巴士已塞滿起點的停車場了，更況且全馬的起點的等候區已經相當擁擠，已無法容納更多跑者及相關設施，例如流動洗手間等。

至於設21英里、10.6英里和9英里等長度較奇怪的比賽，只是因為在那幾個點有空間停車，例如10.6英里賽的起點，是當地著名的海景餐廳Rocky Point，偌大的停車場可以讓跑者聚集，餐廳老闆更是全力支持比賽，希望透過馬拉松，讓世界各地的人都知道Big Sur這個世外桃源。

崖上的鋼琴師

下山總比上山容易，越過了最高點Hurricane Point，跑者可以暫時喘息一會，下一個里程碑是兩公里後的Bixby Bridge。

Bixby Bridge是一條毫不起眼的天橋，隱藏在Big Sur兩座山之間，不說也不知道這條淺黃的水泥橋，曾經是世上最長的水泥工程，也是美國在上世紀三十年代經濟大蕭條時，推出來刺激經濟的建設項目。在Big Sur馬拉松，Bixby Bridge是賽事的中間點，不過，特別之處並非這條橋本身，而是橋上哀怨動人的鋼琴音。

從第一屆Big Sur馬拉松起，Bixby Bridge上都有一台大鋼琴，鋼琴師的指頭在琴鍵上疾走飛翔，連續不斷在蒼涼的荒崖奏上數小時。開創這個傳統的鋼琴師Jonathan Lee已於2004年因病逝世，今天繼承這個使命是另一位鋼琴師Michael Martinez。

1 　1　Big Sur 馬拉松會跑過的Bixby Bridge
――　2　鋼琴師Michael Martinez，每年都在橋上彈奏音樂。
2

我一直聞說 Big Sur 馬拉松有鋼琴表演打氣。越過無盡的山巒，在浩瀚汪洋前，這一刻我終於親耳聽到傳說中的天籟琴音。

尖叫、歡呼和掌聲此起彼落，還有女跑者對著 Michael 高呼「Wow, he is so handsome!」。難為 Michael，由寒冷的大清早彈奏至和暖的上午，既要不斷與跑者合照、望鏡頭微笑，又要留意指尖沒有彈錯琴鍵。面對熱情的女跑者，身體觸碰無可避免了，身上的高檔燕尾服，也變成了跑者的「吸汗毛巾」。

Michael 每次都會彈奏十多首曲目，有他親自創作的小品、有激昂的 *Chariots of Fire*，也有窩心的《阿甘正傳》電影主題曲 *The Feather*。聽到哪一首曲目，視乎你甚麼時候跑到 Bixby Bridge，若不介意完賽時間，停下來聽多幾首都可以。

我來到的時候，Michael 正彈奏民歌 *Scarborough Fair*。

「Are you going to Scarborough Fair? Parsley, sage, rosemary, and thyme. Remember me to one who lives there, she once was a true love of mine.」

哀怨纏綿、悽涼悲切的旋律，道出人世間之生離死別與情愛。一台鋼琴、一個音樂家，感染力勝過千軍萬馬的吶喊聲。

這場鋼琴獨奏會的觀眾席，只留給報名參加 Big Sur 馬拉松的跑者。馬拉松是露天的音樂會，山崖與穹蒼變成演奏廳，身上的號碼布是入場券，這確是拍案叫絕的神來之筆。究竟是誰用上帝之手，搬一台巨型三角琴到 Bixby Bridge，再找穿 Tuxedo 的鋼琴師彈奏？

「這台巨型鋼琴，現在由日本的山葉集團（Yamaha）贊助，賽會每年都要由百多公里外的聖荷西市，聘請調音師到 Bixby Bridge 調校音色。我不知道比賽早期由誰負擔費用，或許是 Jonathan 自己，或者是他駐場演出的 Highlands 酒店，或可能是馬拉松賽會，我真的不知道……」Julie 如是說。

終曲

踏入下半段,天上的雲層開始消散,終於看到藍天與陽光,僵硬的雙腳也開始不聽指揮了,有如缺電的摩打,幸好大會安排的補給品豐富,除了香蕉和橙,有兩個水站提供能量啫喱,終點前五公里,更有大大顆的超甜士多啤梨,沿途還有不間斷的音樂表演。除了大會安排的啦啦隊,也有當地居民的即興表演,長笛、豎琴、唱歌、電子琴和手風琴,延續這場流動的音樂會。

當大海消失在視線範圍後,代表我們差不多到達卡梅爾近郊的終點了,我以5小時49分衝線,完成了Big Sur馬拉松。

賽後的補給品,除了水果和蛋糕外,還有大大塊的曲奇和凍朱古力奶呢!謝謝工作人員,讓我再喝多一盒朱古力奶。

1 | 2

1　終點給跑者的補給品,相當美味。
2　沿途提供的大大粒加州士多啤梨

GOLD COAST

在最悠閒的陽光與海灘，享受澳洲氣氛最好、
安排最體貼的馬拉松比賽。

9

黃金海岸馬拉松。
Gold Coast Airport Marathon

起點/終點：**黃金海岸Southport** ⓐ

比賽日期：　每年7月第一個周日

報名日期：　每年12月起

項目：　　　全馬、半馬、十公里、5.7公里、
　　　　　　四公里及兩公里

時限：　　　六小時半

報名費：　　130澳元

名額：　　　不限

網頁：　　　*goldcoastmarathon.com.au*

南半球最專業、安排最妥
善的賽事，賽道平坦易於
做佳績，賽事還設半馬、
十公里及青少年跑，適合
一家人跑步兼度假。

莊曉陽評語

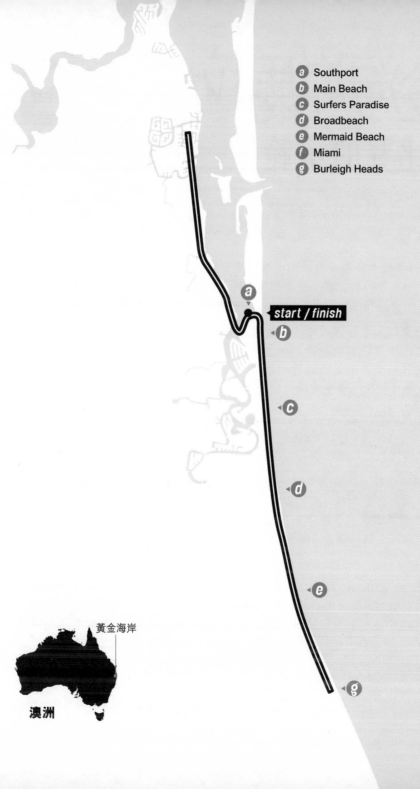

a Southport
b Main Beach
c Surfers Paradise
d Broadbeach
e Mermaid Beach
f Miami
g Burleigh Heads

start / finish

黃金海岸

澳洲

黃金海岸馬拉松。
一流比賽的示範

始於1979年的澳洲黃金海岸馬拉松,算是歷史悠久的馬拉松比賽,比倫敦馬拉松還早兩年誕生。當年的馬拉松,只是在黃金海岸的街上跑六個圈,全馬得124人、半馬有144人,連同其他短距離Fun Run的423人,總參加人數不到一千人。

早期的黃金海岸馬,是一個較本土的賽事,畢竟當年的馬拉松並不打算給休閒跑者參與,出國跑步又沒有現在流行。當年的賽會沒有特別遠大的抱負,沒有發揮賽道平坦、氣候怡人、陽光海灘等的優勢,沒有把賽事包裝成世界最好的度假跑步活動,到九十年代末,黃金海岸馬更因經營不善而虧損,比賽差點要停辦。

直至澳洲昆士蘭政府於2001年接管了馬拉松,以歐美一流的比賽為師,認真地辦好這項賽事,加入旅遊的元素並重新設計賽道,再將全部收入用作改善比賽而不牟利後,黃金海岸馬終於脫胎換骨,並乘著近年出國跑步熱而急速起飛。

要大規模封路辦比賽,在黃金海岸可能比香港更困難,因為當地人人都駕車,沒有地鐵代步,所以比賽也有一點妥協,半馬被安排在清晨6時,天仍未亮的時候出發。當比賽做出了成績,促進了旅遊及市道,商界和居民都感受到馬拉松的經濟效益和歡樂的氣氛,自然願意「犧牲」一天的方便,甚至樂於投入和參與,身體力行支持這項活動。

經過近年的努力,氣氛好、國際化、安排周到的黃金海岸馬,已是澳洲口碑最好的比賽,馬拉松也由一個早上的限時活動,變成兩天的節日,周六先舉辦十公里和其他短距離的Fun Run,半馬和全馬則安排在周日跑。剛過去的2015年賽事,總共吸引27,500人參加,當中包括3,100名外地跑者,兩者都創了歷年的新高。

▶ 黃金海岸的街道寬闊,容納七千多名跑者綽綽有餘,昂首闊步也不拍碰到其他人。

由報名、取號碼布、Expo、起跑到終點的流暢，細節上的留心與照顧，沿途熱情的打氣團，還有充滿悠閒輕鬆的度假氛圍，黃金海岸馬可以作示範案例，展示一個一流的比賽，應該需要有甚麼元素。

「如果你想跑好成績，不妨來黃金海岸馬。這裡有澳洲最平坦、最快的賽道。……但除了跑，千萬不要錯過看海、看浪，享受社區居民的打氣和支持，以及終點前幾百米站滿觀眾的街頭呢！」賽事總監 Cameron Hart 如是說。

方便的黃金海岸

要參加黃金海岸馬，不必一早鬥快上網報名、不需祈禱中籤，因為黃金海岸的街道仍未到飽和點，跑者來者不拒、多多益善，網上報名更遲至賽前四天才結束。擔心有傷患而不敢太早報名、不能一早規劃假期、想看看狀態和訓練情況後再決定的三類跑者，都可以趕及在最後一刻報名。

黃金海岸的接駁交通相當方便，日本有直達黃金海岸的航班，香港和台灣跑者可先抵澳洲布里斯班。布市機場至黃金海岸的車程約一個多小時，只需提早網上訂 Con-x-ion 機場巴士時，輸入酒店的名字，便可以直接送你到酒店，經比賽網頁訂車票，還有享有百分之五的折扣優惠。

	1
2	3

1 馬拉松的Expo展場大，職員的效率高，一切井井有條。

2 賽道有即時天氣預報及補充水分的指引

3 沿途補給站提供太陽油

酒店、商場和食肆都集中在 Surfers Paradise 和 Broadbeach 兩區，海灘就在咫尺之近，2014 年底更開通了輕鐵，貫通黃金海岸南北，相當便利旅客。

若不住酒店，還可考慮透過 Airbnb 找 Apartment。澳洲地大物博，盛產美酒和肉排，找三五知己紅顏一齊跑，租間擁有落地玻璃及陽台的高層豪宅，在輕音樂的悠閒氣氛下煎牛排、品酒、聊天、看日落，然後翌日一起跑步，慢慢享受沿途的陽光和海風，第二天享用個完美早餐後，還可以揚帆出海、抱樹熊、或去 Outlet 血拼，簡直是人生一大樂事。

 ## Expo 及起跑區：盡見大會的細心安排

黃金海岸馬的 Expo 位於會展中心，也是澳洲規模最大的 Expo，Expo 的安排相當有效率，只需幾分鐘便取了號碼布。

半馬和全馬同於周日舉行，半馬於 6 時起跑，全馬於 7 時 20 分出發，兩者跑同一條路線，1 小時 20 分鐘的距離，足以分隔半馬和全馬的參加者，不至於出現香港渣打馬拉松式的火星撞地球，跑全馬遇上半馬折返的大軍。[1]

半馬的出發時天仍未亮，所以有興趣參加的休閒跑者，一定要參與全馬，這才可以看到沿途的風景。

起點和終點都在 Southport，比賽當日截至下午 3 時前，跑者只需出示號碼布，便可以免費乘坐輕鐵和巴士。沿途補給方面，澳洲比日本和歐洲的比賽簡約多了，大會只提供水、運動飲品，及在 30 公里點派發能量啫喱，建議跑者早餐一定要吃飽，並考慮自備補給。

等候區有一片大草地，坐在草坪等日出、做熱身、等起跑；有大電視播放片段，營造比賽的氣氛；有小食攤檔賣咖啡和早餐，給大家作最後補給；等候區的出口處，還放了一大桶太陽油，方便忘記的跑者塗抹。

---

[1] 香港渣馬的全馬跑者返回美孚附近後，會與折返的半馬跑者合流在同一條賽道上。由於跑者眾多、速度參差，兩者匯合的路段會突然變得非常混亂和擠塞。詳見本書附錄〈香港渣打馬拉松‧給慢腳的完賽攻略〉。

真正的陽光與海灘馬拉松

海邊的馬拉松，我算跑過一些，有的是崖上看海、有的是沿海公路、有的是你以為有陽光海灘，但實際上是看不到的，例如泰國布吉，因為很多海邊和海灘的地，都被圈作發展度假村和酒店，不是留給公眾享用的，有些路雖然靠近海，但又不太適合步行緩跑。黃金海岸的海邊全是公眾地方，距離之近，是可以讓你隨時下水游泳。

全馬是先向南一直跑，經 Surfers Paradise 和 Broadbeach 的旅遊和商業區後，到達黃金海岸的住宅區，沿同一條路折返，到30公里左右便返回Southport的起點/終點。看到終點卻不能過門而入，真是有點痛苦，但大家還是請忍一忍，你還要繼續向北跑多五公里，才可以折返。

比賽沒有特別的開幕儀式，槍聲一響，人潮如波浪般撲向南方，乘著高漲的Runner's High，步履如瀉地流水，遠看 Surfers Paradise 的天空線，還有點像科幻小説描寫的人類未來城、太空殖民地，大家朝著這一排拔地而起的建築群。

成績，留待精英去爭好了。甚麼都不要想，盡情擁抱藍天與海、海濱大道、打氣音樂、靚仔靚女義工、南半球的陽光、從太空搬來的現代建築。閉上眼睛、伸開雙手，再大力吸一口氣，把雙腳交託給風，想像自己在滑翔，人聲打氣聲歡呼聲耳邊飄過，地心吸力也頓時消失於無形，人也變得輕快起來。

◀ 折返點的設計

1	海灘就在跑道旁，隨時可以跳下去游泳。	1
2	一排現代的高樓大廈構成了天空線，很有太空殖民地的感覺。	2

日本女跑者的天下

日本跑者一直是黃金海岸馬的大戶，尤其是未有東京馬拉松的年代（第一屆東京馬拉松於2007年舉行），一般日本人要跑比賽，只能到外國了。八九十年代，冠名贊助黃金海岸馬更是日航，而不是澳洲本土的商號。

日本精英是黃金海岸馬的常客，女子組的表現比男子組更優異，幾乎是所向披靡，過去的六屆比賽贏了五屆，本屆更是包辦頭五名。冠軍是1990年出生的新秀化妝品牌資生堂（SHISEIDO）旗下、畢業於京都名校立命館大學的竹中理沙（Risa Takenaka），以2小時28分25秒奪得。

日本男子組對上一次掄元則是2013年、埼玉縣廳公務員跑者川內優輝。

據聞以運動員身份受聘於企業的跑者，都要把獎金先上繳公司，竹中理沙只能享有榮譽，無福消受獎金了，但川內優輝並不是以運動員的身份受聘，雖然得到的支援比企業運動員少，但勝在獎金不必上繳給老闆。

川內優輝本屆再戰黃金海岸。大約跑了十公里，我看到早已過了折返點的第一批精英迎面跑來，但全都是黑人，直至一分多鐘後，我才看到他跑上來。半程落後一分多鐘，而且還有一大堆人在前面，川內優輝應該很難追上來了，最終他以2小時16分23秒得第八名，較他的最佳時間慢了八分鐘。

▶ 日本跑者川內優輝發揮一般，最終只跑第八名。

$\dfrac{1}{2}$

1 有女孩子唱歌打氣，為寧靜的周日清晨，增添氣氛。

2 熱情的啦啦隊，令大家跑得很愉快。

台灣跑者愛黃金海岸馬

台灣跑者也愛黃金海岸馬，通常穿印上 Taiwan 和國旗的跑衣，又或把國旗水印貼在手上或臉上，相當容易辨認。台灣的國際空間備受打壓，尤其是國際運動領域，只能以中華台北的名義，以中華民國奧委會的白色旗幟代表，有政治覺醒的台灣跑者，都視馬拉松比賽為民間外交的機會，希望讓世界看得見台灣。

有台灣跑團會友一塊去，有自己報名的，也有在澳洲工作假期的台灣跑者結伴去，例如台灣大型跑團「街頭路跑」，聞説其創辦人胡杰牽頭帶隊來跑，他還拿一台單鏡反光攝影機，邊跑邊拍；在終點，我碰到作家和名跑者歐陽靖，四處跑馬拉松寫書已成為她的事業了。最矚目的，是拿支巨形國旗的台灣跑者劉子葳，他正旅居澳洲享受工作假期，放假就帶著國旗四處跑澳洲的比賽。

終點安排值得一讚，最後的幾百米路，有一身紫色，背上寫上 Motivator 的「電兔員」陪跑，為跑不動的參加者給力。

慢跑、拍照、看風景、欣賞打氣表演，由早上跑到中午，我以了五個多小時完成比賽。

遇上冠軍 Kenneth Mungara

我於比賽後的星期一晚上回香港。在布里斯班的機場等候期間，同行的友人看到有一名黑人，拿著黃金海岸馬的藍色袋，朝往杜拜的航班櫃位走過，眼利的他立刻認出這位仁兄就是黃金海岸馬冠軍 Kenneth Mungara。這位 41 歲的肯雅籍精英，以 2 小時 8 分 42 秒的成績，打破 40 歲以上的男子馬拉松世界紀錄。我們當然不會錯過機會，立即強行「綁架」他一起合照了。

正常的運動員，未到 41 歲已要退休了，但 Mungara 還可以在馬場上馳騁，屢屢跑贏有氣有力的後輩。

1　與友人在終點碰到台灣名跑者歐陽靖
2　在水站碰到台灣「街頭路跑」創辦人胡杰
3　終點前幾百米，大會安排了 Motivator 陪跑，支持跑者到最後。
4　台灣跑者劉子葳，拿了一大支國旗跑。

```
    | 2
1 --|
    | 3
    4
```

我後來才知道，Mungara的傳奇故事。他原來是一名理髮師，31歲時仍在開理髮店，從來沒有想過跑步，但當他發現有些看似平平無奇的客人，竟然是贏得世界各地馬拉松的著名跑者後，他才有認真跑步的念頭，更相信自己只要持之以恆訓練，應該比他們跑得更快。

他坐言起行，開始拾起跑鞋訓練。到34歲，他已有能力挑戰海外的二線賽事了，2007年的德國科隆馬拉松，他以2小時11分36秒成績跑第四；翌年的2008布拉格馬拉松，更以2小時11分6秒，奪得職業生涯的第一個冠軍。

肯雅人，真的是非常厲害，一個普通的理髮師，只要稍為認真訓練，已經可以在國際賽事上大放光彩了。

▼　我與友人「綁架」了是屆冠軍Kenneth Mungara合照

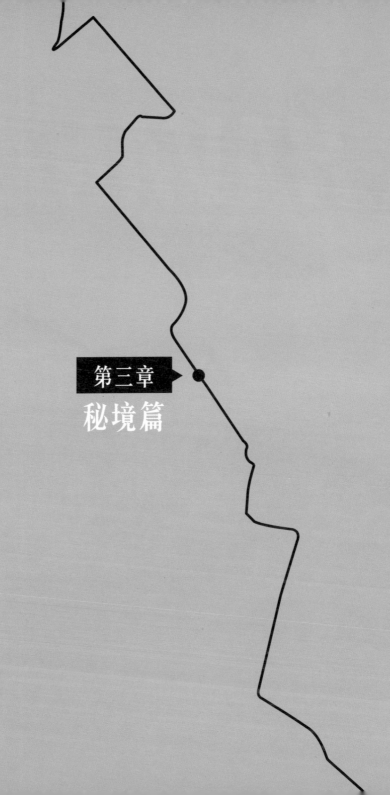

第三章

秘境篇

HAVANA

在遍佈古董車、老建築的夏灣拿街道上，
體驗古巴獨特的馬拉松風味。

10

夏灣拿馬拉松。
Marabana

起點／終點：	**前國會大廈**
比賽日期：	每年11月第三個周日
報名日期：	隨時網上報名，或賽前的周五、六在報到處 即場報名
項目：	全馬、半馬及十公里
時限：	五小時
報名費：	50歐元、60歐元及75歐元（視乎報名時間）
名額：	5,000人
網頁：	www.inder.cu/marabana

夏灣拿馬拉松不是大型賽事，只是有本土特色的「土炮比賽」。並不適合追求成績及國際大賽經驗的跑者。若果參賽的目標是「馬拉松看世界」的話，古巴是有其獨特的魅力，我誠意推薦這個賽事。

Frankie Kwok 評語

前國會大廈（El Capitolio）
夏灣拿大劇院（Great Theater of Havana）
革命廣場（Plaza de la Revolución）

海旁大道（Malecon）

start / finish

夏灣拿

古巴

夏灣拿馬拉松 10

時光倒流的跑步旅程

古巴，往往被視為一個熱情而浪漫的國度。去過古巴的朋友不少，但到夏灣拿跑馬拉松卻鮮有聽聞。

二十世紀初期，古巴名義上是一個獨立國家，但實際上政治深受美國左右，當時的夏灣拿紙醉金迷，是不少美國富豪流連的後花園，名作家海明威來到夏灣拿後，一住便住上了22年。他的小說《老人與海》、《戰地鐘聲》（或譯《喪鐘為誰鳴》），以及他的巴黎回憶錄《流動的饗宴》，都是在夏灣拿寫的，他時常流連的酒吧更變成旅遊景點。

古巴到上世紀五十年代末爆發革命，親美的政權遭卡斯特羅推翻，古巴變天成為社會主義國家，並將美國人的商業資產全盤國有化。美國旋即與古巴斷交並實施禁運制裁，其後的導彈危機更險些引發第三次世界大戰，古巴從此在國際舞台上被孤立。

自始之後，古巴的時鐘好像停頓了，當時最時尚的名車、工業產品，一直使用至今，建築物仍是當年的模樣，夏灣拿像被急速冰封在時間長廊之內。幾十年來的禁運令，雖然令當地人的生活困乏，卻意外地令夏灣拿保留了四五十年代的風貌，變成一座活生生的博物館。

維持了50多年的禁運，終於隨美國和古巴最近復交而結束，這對當地人民來說絕對是喜訊，但也令人關心古巴會不會走「發展就是硬道理」的路線。相信未來的日子，將有大量的遊客和資金由美國湧入，怎樣發展經濟之餘，又可以保住她獨有的絕代風華，將會是一個重大的挑戰。

$$\frac{1}{\frac{2}{3}}$$

1　　這樣舊的相機見過了沒有？

2-3　在夏灣拿街道走，感覺有如時光
　　　倒流一樣。

相信不單是美國人，我有不少朋友都有意趕在巨變之前到訪古巴，希望在 Starbucks 及老麥還未遍地開花之際，一睹這個封閉了50年的國度。筆者有幸於古巴美國復交前的2011年，到夏灣拿旅遊兼跑馬拉松。

史前年代的報名方法

夏灣拿馬拉松（Marabana）是古巴國內的唯一長跑賽事，夏灣拿的西班牙文是 La Habana，Marabana 是這個比賽的西班牙文簡稱。比賽早於1978年開始舉辦，遠比想像中來得歷史悠久。

計劃古巴行程的第一步，當然是報名參賽，但單是弄清楚報名方法，已出現大問題了。官方網頁只有西班牙文，在 Google 翻譯的幫助下，終於弄懂了報名方法，原來他們只接受現場填表報名！詳細條文是這樣說的：「跑者必須在比賽前的四天之內，親臨夏灣拿市中心的報名中心即時報名。」

這對外地跑者極之不方便，如果老遠由香港過來後，才發現名額已滿，這豈不是悲劇兼不幸？大會電郵又石沉大海，在無法可施之下，我們只好冒險博一博，先飛到古巴再說了[1]。

我和太太與另一朋友，一行三人從香港出發，經洛杉磯先抵墨西哥的度假勝地坎昆市（Cancun）觀光，再轉乘古巴航空飛往夏灣拿，總共航程共花了近30小時。最後在夏灣拿的民宿（Casa）安頓後，我們立刻去報名參賽。

入住民宿是古巴旅遊的特色之一，近年古巴經濟漸漸開放，開始容許市民經營民宿，不過每間屋只容許兩人入住，我們因此要分別住進兩間民宿。無論如何，能夠跟本地人一起生活，較住酒店更能了解當地民生。

馬拉松報名處就在夏灣拿的一間拳擊中心 Kid Chocolate Center 之內，也是前國會大廈（El Capitolio）對面。不要奢望有大型的 Expo 了，報名處只是拳擊中心內的一個活動室，門外只有一個寫著 Marabana 的簡單標誌，如不細心留意便會錯過了。

---

[1] 2015年的馬拉松已經接受網上報名，網站也新增了英文、意大利文和法文版本，亦推出連同旅遊及酒店的套餐。但有指網站運作不太穩定，參加者要有心理準備可能登記後仍有資料遺漏，需再作現場報名。

語言不通之下，幸好我們遇到一個能說簡單英語的年輕人，幫助我們報名。報名流程非常混亂，我們來回了三個不同櫃枱付款、登記及領取選手包，每一個櫃枱都沒有標誌，工作人員又不懂英文，可以想像過程有多惱人，我們三人共花了近兩小時才成功報名兼領取選手包！

直到拿了號碼布，我們才放下心頭大石。

Marabana分為全馬、半馬及MaraCuba（四公里歡樂跑）。我們不太清楚當地人的報名費是多少，只知道我們付了60歐元。

這個缺乏資源的比賽，的確難以發展成國際化的比賽。古巴距離歐洲很遠，而美國政府才剛開放國民到訪古巴，加上缺乏媒體報道，雖然近年馬拉松旅遊成風，但我所見的大部分選手都是本地人，最遠也只是中美洲國家例如墨西哥，我們三人，更可能是少數來自亞洲的參賽者。

交換跑鞋

馬拉松比賽的前一天有免費的Pasta Party，大會於正午12時安排專車接載跑者參與，我們不知道在哪裡舉行，總之跟著其他人上車便對了。

▼ 這是現場報名處的入口，不知就裡還可能會錯過。

1　四公里的輪椅賽

2　在簡陋的 Expo，吃世上的劣食之一——夏灣拿意大利粉。

3　起點佈滿跑者，參加者以當地人為主。

大約20分鐘後，我們來到一間體育館，館內設備相當簡單，沒有馬拉松的佈置，又沒有甚麼招待，我們就像身處工廠大廈內的小型食堂，吃一頓極難吃的茄汁意大利顏粉。七個字總結：「我們完全中伏了！」

有多惡劣？有如用摻過滾水的地拖茄汁，撈屁熱的隔夜意粉，加上一點點淡而無味的碎肉，真是世上難得一見的劣食！眼見勢色不對，我們三人隨便吃了少許後，便急忙離開古巴人民公社飯堂，坐大會專車回市中心。

在回程的車上，又發生了另一段小插曲。忽然有一個本地跑者指著我的鞋，從他的身體語言，我猜他應該是想跟我「交換」跑鞋。足球有交換波衫不奇怪，但古巴跑馬拉松竟流行交換跑鞋？而且還要在起跑前交換？

看一看他腳上的布鞋，就知道「等價交換」原則並不適用於古巴。當時我穿的不過是便宜的舊波鞋，但竟然都被他看上，你可以想像他腳上那一雙是如何不堪。若不是當天下午仍要繼續觀光，我也樂於送雙舊鞋給他作為紀念品，結果只好禮貌地拒絕他了。

MaraCuba 四公里歡樂跑

回到市中心後，剛好碰上MaraCuba的起步禮。跟據大會網頁形容，MaraCuba是全國性的活動，在馬拉松之前一日於不同的城市舉行，距離由三至四公里不等，主旨是鼓勵年輕人做運動。

這個嘉年華式的歡樂跑有巡遊、音樂、唱歌、類似森巴舞的表演等，同場還加映輪椅賽，賽前的各種哨子聲，一步一步把氣氛推向高峰。街上很多人圍觀，更有大量的古董車在旁助興，我門三人雖然沒有報名參賽，只是旁觀也感到興奮莫名，就連正式的馬拉松起步也沒有這一刻熱鬧！報名時，我們根本不知道MaraCuba是甚麼東西，可以說是誤打誤撞之下，才發現這個活動。

四公里的MaraCuba，起點終點都在夏灣拿的市中心，我發現有一些參加者是赤腳上陣，有穿鞋的跑者，大多是穿「白飯魚」之類的布鞋，有的更是破爛不堪。我才明白並不是所有古巴人都可以負擔一對鞋，他們是被逼要赤腳跑，怪不會有人想和我們「交換」跑鞋了。

我也是赤腳跑步者，看到現場那麼高興，當然想代表香港落場赤腳跑，正蹲下脫鞋之際，太太似乎已知道我想幹甚麼，如果勉強落場，我相信要付出非常大的代價甚至可能有「生命危險」，最後只好以假裝繫鞋帶，來一個華麗轉身，退出這個赤腳歡樂跑。

比賽前一晚，筆者還特別到酒吧，來一杯海明威的至愛 Mojito 雞尾酒（成分包括朗姆酒、糖、青檸、疏打水及薄荷葉），預備以老人與海搏鬥的精神，預備在炎熱天氣下苦戰夏灣拿馬拉松。

起點上的熱舞嘉年華

像大部分的馬拉松一樣，Marabana 都以當地地標為起步點，就是古巴前國會大樓。這大樓於 1929 年在美國協助下落成，是完全仿照華盛頓的國會山莊建造，曾經是古巴最高的建築物，也是古巴近代建築的代表作。革命後，大樓改作為國家科學院（Cuban Academy of Sciences）。

馬拉松上午 7 時起步，音樂與舞蹈把現場交織成為一個熱舞嘉年華，氣氛非常熱鬧，可能甚少亞洲人到古巴跑步，當地的參賽者爭相與我們拍照呢！

我對古巴的文化、音樂與舞蹈的認識相當皮毛，只是看過名導演雲・溫達斯（Wim Wenders）拍的紀錄片《樂滿夏灣拿》（Buena Vista Social Club，台譯《樂士浮生錄》），出發前資料搜集時，才知道古巴音樂和 Salsa 舞蹈的吸引力。熱情的搖擺、多變的旋律、獨一無二的樂曲風格，令許多人為之瘋狂，不少遊客更是專程來古巴，體驗正宗的 Salsa 舞蹈。

我不太清楚馬拉松起點的表演者是跳甚麼舞蹈，只知道舞蹈掀起的高漲氣氛，令我一生難忘，無怪乎古巴人被稱為音樂與舞蹈的民族。

起點現場大約只有一千幾百名跑者，早知道我便不用擔心滿額了。不知是太興奮，還是我聽不懂西班牙語，好像沒有倒數便已經起步了，我和太太還忙著拍照而沒有上線入起跑區，所以只好跟在隊尾起跑。

我和太太分別跑全馬及半馬，半馬跑一個圈，全馬重複一次，起步前我已決定全程慢跑，來一個夏灣拿全紀錄。

樂滿夏灣拿

起步不久便到達夏灣拿的地標之一，海旁大道（Malecon）。

海旁大道建於1901年，也是夏灣拿的防波堤，因為色彩繽紛、帶點蒼桑的古老建築和無敵海景，漸漸變成當地人散步及拍拖的聖地。

第一次見到這條路，是從《樂滿夏灣拿》的片段，海浪沖擊防波堤而捲起的衝天浪花，再打落路上的車輛，電影令這條大道聞名於世。

我特別帶上iPod跑，全程播放 Buena Vista Social Club 的音樂，有如用音樂為馬拉松旅程作導賞。跑過海旁大道時，剛好播放他們的經典名曲 Chan Chan，我還特意跑近海旁，張開嘴巴舔兩口鹹鹹的浪花，腦裡馬上閃出電影的片段。這是一次結合跑步、電影和音樂三大元素的馬拉松回憶，還有泊在老街道的古董車，在古巴跑馬拉松的確比想像中更有型。

跑了50多個馬拉松，我還找不別的賽道，可以像夏灣拿般把電影與音樂融入馬拉松。

論海景，世上比這裡更美的還有不少；論建築，這裡並不算極為特別；論規模，夏灣拿更不可以和其他上萬人的馬拉松相比，可是加上音樂與電影方面的聯想，一切便發生了微妙的化學變化。短短的七公里是Marabana的精華，至今仍是我最津津樂道的一段路，也是一段要用心去感受的路。

馬拉松跑道上的「偷渡者」

到15公里左右，突然見到一座很眼熟的建築——革命廣場（Plaza de la Revolución），這座勾畫了哲古華拉肖像的大廈。相信很多未去過古巴的人，也覺得似曾相識，可能在相片或影像中見過。

1	
2	4
3	

1 海旁大道是當地人散步與及拍拖熱點，一邊跑步一邊聽古巴爵士樂實在是人生樂事。
2 在古巴，拍攝古董車是遊客的指定動作了。
3 馬拉松的計時車，都是一輛古董車。
4 海旁大道

告別哲古華拉後再跑五六公里，第一圈大告功成。原來大部分人只跑半馬，繼續跑第二圈的人寥寥無幾，啦啦隊大多收工回家了，反正第一次來夏灣拿，多跑一圈其實沒有太大問題，就當再看一次海旁大道及革命廣場吧，只是這時的溫度更上升至接近30度，欣賞風景的興致已經大打折扣了。

天氣太熱了，我的第二圈簡直可以用「苦戰」來形容。

跑到30多公里，我已放慢腳「行」馬拉松了。這時候我碰到兩個疑似美國人，我很奇怪為何有美國人在古巴跑馬拉松？

原來美國政府多年來禁止國民進入古巴，美國也沒有航班直達古巴，但古巴並不禁止美國人入境，理論上美國人要到古巴，仍是可以經第三國（通常是墨西哥）「偷渡」往古巴，而且古巴海關並不會在護照上蓋印，而是要入境的旅客買一張值30歐元、名為Tourist Card的「行街紙」，再把印章蓋在這張紙上，因此美國人是可以不留痕跡地進入古巴。

不過「偷渡」入境有一定的風險，一旦在古巴遺失護照，可以想像得到後果有多麼嚴重，若不想被美國政府發現，可能要跟其他古巴難民一樣，一起坐船偷渡回美國了。

42公里終於過去了，已經完成了半馬的太太在終點等我，為我拍照打氣。現場已開始收拾東西，氣氛大為減退了，畢竟這只是個全馬不到300人的古巴比賽，自然也不奢望了。

拿過獎牌後，看看身邊的古董車，戴上剛買的哲古華拉帽子，突然感到相當滿足和幸福，想起能夠在這特別的地方跑步，享受加勒比海的陽光，的確是人生一樂也，完賽時間倒是其次了。

那兩位疑似美國人與我差不多時間衝線，讓我有機會跟談他們一會。我猜中了，他們果然是美國人，為了跑馬拉松而特別「偷渡」到古巴。筆者多年來鍾情於偏僻冷門的馬拉松，在朋友之中早已被定位為「極端派」，想不到一山還有一山高，竟然有人為跑馬拉松鋌而走險「偷渡」，實在自愧不如了。

1　夏灣拿的地標建築——革命廣場（Plaza de la Revolución）
2　夏灣拿馬拉松的終點
3　為跑馬拉松而「偷渡」到古巴的兩位美國跑者
4　夏灣拿馬拉松的獎牌

1 | 2
    | 3
    | 4

半馬賽事

夏灣拿馬拉松同場加映半馬,我太太
Christina是半馬唯一的香港女選手。

同一樣的路程,不一樣的見聞,這就是
和太太一齊跑步的樂趣,可能女性天生
細心,她在路上有不同的觀察。

一・跑道上的藝術家

古巴人以熱情見稱,料不到還有藝高人
膽大的跑者,竟然一邊跑步一邊繪畫,
如雜技般出神入化。

在海旁大道中段,有跑者掛了一塊畫版
在胸前,邊畫邊跑,腳停手停,起步又
再畫,估計他想用一個半馬的時間畫好
一幅畫。不久後他就在人群中消失,沒
有機會看到他的完成作品。

馬拉松跑道上的畫家

二‧終點的白袍醫生

在終點等候期間，太太發現現場有大量穿白袍、估計是醫生的人士出出入入，初時還以為有甚麼突發意外，但細看下去他們又好像非常悠閒。究竟為甚麼有那麼多醫生？

原來古巴經濟雖然算不上發達，但政府長年投放大量資源培訓醫生（他們全是公務員，古巴沒有私人執業醫生）。醫生與病人的比例更是世界最高之一，每150個病人對一個醫生（美國是400:1）[1]。加上全民免費醫療保障，所以古巴人的平均壽命比美國還要高。自2004年起至今，古巴甚至可以向產油國兼盟國委內瑞拉，以輸入超過四萬名醫生換取過百億的石油。

不過很多古巴外派醫生，視之為變節逃亡的良機，大多數逃去美國了[2]。

古巴醫生數目如此之多，相信隨時找一百幾十個醫生來候命絕對不是問題，所以在古巴跑馬拉松，如中途有甚麼不適，相信第一時間會有人施救，不過外國人能否與他們溝通，又是另一問題了。

[1] Explainer: The Cuban Health Care System at Home and Abroad, Americas Society, Elizabeth Gonzalez, 7 May, 2015

[2] Los medicos enviados por Cuba a Venezuela Huyen en masa a EE. UU, ABC.es Internacional, 14 Nov, 2014

既是仙境、也是煉獄的冷酷異境。
冒著零下30度的狂風暴雪，徒步跨
越世界第一大淡水湖。

11

BAIKAL
.ICE LAKE

貝加爾冰湖馬拉松。
Baikal Ice Lake Marathon

起點： **貝加爾湖南端的 Tankhoy**
終點： **鄰近伊爾庫斯克的 Listvyanka**
比賽日期： 每年3月初
報名日期： 10月初
項目： 設馬拉松及半馬
時限： 6.5小時（實際上不限）
報名費： 500歐元（三日）
名額： 每年大約200人參與半馬及全馬
網頁： *www.baikal-marathon.orgl*

> 最經濟實惠的極地比賽，
> 也可能是世上唯一在冰上
> 跑的馬拉松，適合愛挑戰
> 極地馬拉松的朋友。

FrankieKwok 評語

a Tankhoy
b Listvyanka

b ▶ finish
start ▶ a

Lake Baikal

俄羅斯　　　　貝加爾湖

貝加爾冰湖馬拉松。11
極地的考驗

想不到我的冰湖馬拉松會是這樣結束的⋯⋯

在零下30度跑了七個多小時,距離終點還差50米。

終點已在眼前了,但內心沒有任何感覺了,連興奮的力氣也沒有。我只知道身體已處於不能承受的極限,手腳漸漸失去知覺,意識也開始模糊了。

還有10米,在終點等我的朋友看到我步履蹣跚,已心知不妙,開始緊張起來了。

衝線一刻,我用盡最後一口氣,喃喃說出:「我有低溫症,救我!」說罷,便不支倒地了。

五十馬的里程碑

若當刻不幸戰死馬場,現在也沒有機會述說冰湖馬拉松之行了。這次的「重生」經歷,應該從哪裡說起?

把時鐘回撥至2012年初,當時我剛取得第30枚馬拉松完賽獎牌。有一天,太太突然提問我:「你的『五十馬』想在哪裡跑呢?」

「還有20個呢!兩三年後才算啦,時間還多。」我說。

1	1-2	西伯利亞貝加爾冰湖馬拉松參賽者眾多,但每年只有百多人完成賽事。
2		

我認識的朋友當中，有些比我跑得更多，況且香港跑超過百馬的也大有人在，我的戰績算不了甚麼，要跟這些前輩比較可能有點不自量力，還是兄弟登山、各自努力好了。

不過，太太突如其來一問，也讓我開始認真計劃，第五十馬一定要選一個特別的比賽。經過研究後，最後選了西伯利亞貝加爾冰湖馬拉松（Baikal Ice Lake Marathon），紀念我的人生「五十馬」。

我也有考慮以南非的Big Five馬拉松（與非洲草原的五大動物：獅、象、豹、水牛和犀牛一起跑）及長城馬拉松，但考慮到冰湖的極地氣候挑戰最大，每年都只有百多人完成賽事，何不瘋狂一點來一個極地比賽？

西伯利亞的明珠

貝加爾湖被稱為西伯利亞的明珠。她是世界上最大、最深及最古老的淡水湖，面積與台灣島相近，淡水總存量佔世界上約百分之十。

湖的生態獨特，不乏當地獨有的生物品種，例如Omul魚及貝加爾海豹（Baikal Seal），是世上天然寶庫之一，也獲聯合國教科文組織列為世界自然遺產。

貝加爾湖可説是天使與魔鬼的混合體。盛夏時風光如畫、遊人如鯽，是俄羅斯首屈一指的度假勝地。冬天，她變成魔境般的異域，氣溫低至零下

▲ 貝加爾湖是世界上最大、最深及最古老的淡水湖，更有西伯利亞的明珠之稱。

二三十度，一望無際的湖面全被冰封，加上西伯利亞的瀟瀟冷風，是寸草不生的惡地。

是誰會在此嚴寒的不毛之地舉辦橫越冰封湖面的比賽？不單止跑的人瘋狂，這個賽事的舉辦者可能更瘋狂。土生土長的西伯利亞人，也未必有勇氣在冰湖上跑42公里，何況還要吸引海外參加者千里遠道而來？

向貝加爾湖出發

參加海外馬拉松，坐飛機是不二之選，省時、直達、減少舟車勞頓。距離貝加爾湖最近的城市是伊爾庫斯克（Irkutsk），由香港經北京轉飛，大約十小時便可抵達，但我與參加半馬的友人、跑極地馬拉松的好手洗水福取難捨易，決定坐西伯利亞鐵路，為了體驗這條世界最長也是最有名的鐵路。

冰湖馬於每年3月初舉行。我們兩人於農曆新年間起程，先飛到莫斯科再轉東行列車，經弗拉基米爾（Vladimir）、喀山（Kazan）、葉卡捷琳堡（Yekaterinburg），大約花了十天時間才到達伊爾庫斯克，距離比賽還有兩天，既有時間稍作觀光，亦可視察比賽現場的情況。

伊爾庫斯克距離貝加爾湖約80公里，大約一小時巴士的車程，我們終於第一次踏足貝加爾湖，終點線仍在佈置中，起步點是湖的彼岸，中間隔著一望無際的雪與冰。這次「初遇」教我非常震撼，冰封湖面在颯颯風聲中，顯得非常荒蕪，令人感到大自然的浩瀚與殘酷。

湖上只有幾隻孤影。細看腳下的冰層，每一片都帶點湖水藍，如藏了閃爍的藍寶石。我們只不過逗留了半小時，雖然穿上了厚厚的禦寒衣物，但也感到刺骨的寒氣，四肢異常冰冷，怎可能不擔心後天的比賽？如果中途迷路，應該會凍死在冰湖了。

即將面對人生第一次極地馬拉松，我少不免有點擔心。

大風雪中出發

翌日，我們在伊爾庫斯克機場向主辦機構報到。本屆比賽約有180多人參加，經過兩小時的車程，我們入住位於海拔二千多米高、大會安排的滑雪場酒店。眾人安頓好後，都急不及待換上裝備，做第一次、也是最後一次實地測試。幸好我並沒有發現甚麼問題，唯一是擔心能否克服明日的挑戰。

冰湖馬的路線，是由湖南端的南岸一條直線跑到北岸（湖的面積大如台灣，但形狀較台灣狹長），全程都是在零下30度大風雪下，參加者在沒有支援下一人橫越貝加爾湖，與大自然搏鬥，沿途只有幾個簡單的支援點，及半程的臨時管理中心。

一覺睡醒後，期待已久的比賽日終於到了。寄存好行李，吃過簡單的早餐後，百多名跑者出發往位於湖畔訪客中心的起點。跟據大會資料，本屆賽事（2015年）是近年來天氣最壞的一年，零下30度的氣溫再加暴風雪。**如此惡劣天氣，你或許覺得大會繼續比賽是不可思義，但對這班勇於挑戰極限的人，這是千載難逢的挑戰，甚至如中六合彩頭獎般爽極了！**

我們這百多人跑冰湖馬，正正因為這裡的極端環境。因天氣取消比賽？不要説笑了，我們是抱著「愈大鑊愈快樂」的拼死精神出發，絕不輕言退出。

做好面部保暖後離開室內，大風雪向我們左邊吹來，我跟本看不清楚前方，面被打得刺痛，牙關也僵硬了。大約十時半左右，一眾參加者步行約20米到湖上，大會主持人講了幾句不知是俄語還是英語後，全部人興奮大叫馬上向前衝，冰湖馬拉松正式開始。

往後的七個多小時，只能用「凶險」來形容，但講這段經歷之前，我想先回到出發前的四個多月，剛剛報名參賽的一刻……

1

2 | 3

1　出發前的一刻，參賽者合照留念。

2　比賽前的講解

3　比賽開始，大風雪向我們左邊吹來，全部人興奮大叫馬上向前衝。

訓練與準備

報名確認後，第一個要解決的問題是裝備。雖然我曾在加拿大住上好幾年，見識過零下20度的風雪天，但與極地跑馬拉松不可同日而語，而且很可能要走超過七小時的路程，絕對不能掉以輕心。

網上關於這個比賽的資料並不多，我只找到十多張照片及一兩條錄影片段。我仔細分析每張圖片，並參考了一些有關雪地跑步的網頁後，似乎穿多幾層衣服（Multiple Layers），以空氣層作保暖的效果最好，避免穿厚衣物造成過分臃腫的阻力，保持輕身及靈活以提高跑步效率。

以下就是我準備好的裝備：

- Balaclava頭套
- 兩套保溫內衣
- 薄身壓力褲（內褲）
- 兩對跑步手套
- 羊毛襪
- 防水鞋套
- 「我要真普選」直幡
- 太陽眼鏡
- 多功能防風、防水及透氣風衣
- 溫暖壓力褲（面褲）
- Liner襪
- 防水跑山鞋及外掛冰爪
- 跑山背囊

裝備齊了，下一步就是測試。為免被誤會為「青山醫院走犯」[①]，我沒有膽量以征戰極地的裝束在球場試跑，而是每次挑選不同裝備的配搭練習。雖然不算模擬實況，但透過不完全的測試，倒發現不少沒想到的問題，例如呼吸、衣服移位等等。找到解決的方法後，初步的測試算合格過關。

寒冷警告下夜闖大帽山

但若不來一次全副武裝的練習，我並沒有十足把握自己的準備充足。如何可以在出發前，模擬寒冷的環境測試？跟各方好友研討後，也沒有一個良好方案，總沒有理由為此破費往韓國、日本等寒帶一轉。

---

① 青山醫院是位於新界屯門的精神科醫院，六十年代落成後，取代了西營盤域多利精神病院。香港以至廣東地區會以「青山」一詞來借指精神病患者。

碰巧天文台於12月底發出「寒冷天氣警告」。我靈機一動，不如把握難得的機會，在寒冷天氣警告下，穿上所有衣物夜闖大帽山頂？

太太知道我要夜闖大帽山後，即時瞪大眼睛說：「有精神病就應該要看醫生啦！」但我覺得這正常不過了，不認為有甚麼瘋狂。決定起行後，我馬上廣發英雄帖找朋友陪跑，但香港的精神病人似乎不太多，最後只有我單人匹馬跑上大帽山。

跑上山頂時我已經全身大汗，應該證明保暖裝備有效？為了進一步測試保暖效果，我在山頂的靜坐了半個小時，得到的結論是：

寒冷天氣警告＋大帽山山頂＋靜坐＝好很凍

香港天氣環境的限制下，我最多只能這樣做了。當我還沾沾自喜、滿有自信之時，殊不知這個「所謂」低溫測試，跟西伯利亞冰湖的實況有天淵之別。

一個人在途上

回到比賽。

暴雪紛飛，最多只看到方圓50米的景物，腳下還有沉厚的積雪，每一步都要花上好幾倍的體力。開跑不久，我自忖根本不可能全程奔跑，只好改變策略，以急步疾走保持體力，這才有望保命熬到終點，反正參加冰湖馬志不在跑成績，只要不去想時間，便可以好好享受比賽的過程。

開始時，跑者們相隔不太遠，但隨著眾人以不同的步速前進，大家的距離愈拉愈遠，前方的跑者也開始消失，拍照玩樂一番後，我已跟不上前方的跑者，變成了自己一個在跑。雖然視野極差，幸好每隔100米左右，都有一個如手掌般大小的紅色三角形路標，憑著這個小路標及前方跑者模糊的移動身影，應該不會迷路。

忽然間，我發現右腳如踩著肥皂般滑，再仔細看看，原來冰抓不見了！跑雪地沒有冰抓還可以前進，但跑冰面沒有冰抓，肯定滑過一仆一碌，可想像後果是多麼嚴重。

不過逝者已矣，哀悼也無法變回一隻右冰抓，為保持平衡，只好連左冰抓也脫下以繼續比賽。

1-2　大風暴下的貝加爾湖。能見度非低,跑者只可靠圖中小紅旗作為路標。

3　起跑了,拍照玩樂一番後,我已跟不上前方的跑者,貝加爾湖變得四野無人。

冰崩地裂

沒多久，10公里的第一個支援點在眼前了。桌上放了一些補給，有乾果、果仁及熱茶，算是相當豐富了，還有一條氣墊船（所以慢腳跑冰湖，不用擔心上車，因為這裡是用船載走未能完成比賽的跑者）。真佩服大會的工作人員，一早要來設站守候，等的過程肯定比跑的更辛苦、更寒冷。我隨便吃了一點後，打幾個努力手勢後，繼續向在冰雪暴風下上路。

跑到17公里時，風雪已經停止了。再看看地面，只有薄薄的一層積雪，還隱約看到冰層，我終於感覺到自己是在冰湖面上跑了，這才是我心目中的冰湖馬拉松。

沒有冰爪，我只能緩緩急步走。突然間，我感覺到腳下有少許震動，更聽到轟隆轟隆的環迴立體巨響聲。

「嘩！會不會是湖面的冰裂？逃跑已來不及了，我置身在湖的中間，會不會像電影情節般直墮入冰湖，屍首永遠埋藏海底，淒美地凍死於貝加爾湖？」

六神無主，不知往何方逃走之際，震動和聲響停了，眼前的一切回復平靜。

剛才究竟發生了甚麼事？

定一定神後，才想起賽前簡介提及的自然現象，巨響和震動只是冰層之間的磨擦，並不會有危險。當時我也不以為然，直至在四野無人的極地，真真正正感受到腳下的冰震，才有險象還生的感覺。

我不太清楚，其他跑者有沒有類似的經歷，但這種一息間死過翻生的恐怖滋味，是此行其中一個最令人回味的經歷。不過，正如俗語有言——好戲在後頭，更驚嚇的事情正在慢慢等著我。

1	2
3	

1-2　15公里和21公里中途站都有補給品，提供乾果、果仁及熱茶。在冰湖馬拉松，若跑不完會用船接走。

3　30公里中途站，在零下30度的環境下喝一口畢生難忘的熱茶。

迷離境界

經過近四小時與大自然的搏鬥，我到達半馬終點了。這裡有一個設備完善的補給站，有一個大帳幕給半馬完成者休息，更有唯一的洗手間。

沿途上廁所也挺麻煩的，尿液應該會很快結冰，雖然在千里無人的環境，隨處解決也不會有人看，但我不想污染潔淨的冰湖，所以預備了尿袋跑步，把自己的排泄物帶走。這是我第一次，也是唯一一次，帶著尿袋跑馬拉松。

至於零下30度的環境小便，尿液會不會立刻結冰？我答不到你，可能排汗太多，也沒有怎樣喝水，跑了一整天竟然也不需要解決，不過據科學常識推測，要溫暖的尿液結冰需要時間，不可能出現冰尿柱的奇觀了。

冰湖馬的官方時限是6.5小時，我沒有希望在指定時限內完成了。那麼我要上船嗎？工作人員說：「時限只是名義上的參考，只要參加者仍有能力繼續，有可能去到終點，大會基本上不會截人。」

俄羅斯人看似冷漠，但不介意超時工作，更落力為參加者打氣，馬拉松的安排，倒有濃濃的人情味，算是非常體恤跑者。

過了半馬點，除了掉了冰爪和手腳冰冷，我還算完整無缺，值得給自己一點掌聲了，但也不能掉以輕心，畢竟我已經在零下30度的環境下跑了近四小時，開始感到體力下降，有沒有能力應付下半場突然變化的氣候？我簡單吃了點果仁及朱古力後，便和工作人員告別，踏上餘下的21公里。

停雪沒多久，天空又突然風雲色變，刮起大雪暴，視野變得非常模糊。天、地、冰、湖，融為一體，除了灰白色以外，再沒有其他的色彩和影像，我不知道自己是踏在冰上，還是在白化的異度空間中飄浮，完全迷失了方向。

這種身處迷離境界的感覺既奇怪又陌生，我的身體是不是已經抵受不了這個極地挑戰，開始出現幻覺？

1	
2	3

1-2　在冰雪下跑步，風雲色變，一時刮起大雪暴，視野變得非常模糊。

3　零下30度的環境下，跑者的汗水都瞬間變冰。

此刻的能見到極低，紅色路標在風雪中變得若隱若現，我每一步都非常小心，肯定下一個路標在何方後才移動，因為在這裡迷途可不是說笑。我細心留意自己的心跳、呼吸、知覺和意識，又確是一切正常。我肯定這是大風雪下令天地變成全方位的白色空間，而不是意識模糊的幻影後，我再度集中精神比賽。

熬過了大雪暴，天氣開始轉好了。到了30公里，體力已所餘無幾，感覺每一步都倍感艱難。

 ## 最後三公里

看看錶，時間已經來到下午5時了。出發時，我沒有料到日落的一刻，我還在湖上搏鬥，更可以在途上看夕陽。漫天金光，腳下鬆軟冰雪閃閃發亮，如熟透的禾田，斜陽半懸在穹頂，這是我人生中看過最美麗的日落，美得令人難以置信。誰相信一個小時之前，這裡是一片白色的地獄？如此美景，相信一生也不會碰上幾次。

我愈來愈疲倦，一步比一步吃力，但心境反而愈見平靜，享受當下的比賽，享受冰原的日落，沒有想過快要天黑的危險。

終於到了最後一個支援站，距離終點還有五公里，工作人員示意可以前進，我繼續向終點進發。

短暫的回光反照後，身體快要崩潰般，貼著濕透的內衣很不好受（原來零下30度也會流汗），但我不能停下來了。停，等於把身體的發電機關掉，體溫隨即驟降；跑，但我快要「撞牆」，每一步如綁上腳鐐般沉重。

到最後四公里，我已擠不出額外力氣作平衡了，同時也要防備凹凸不平的裂縫及冰洞，僅餘的體能完全被挖光，在沒有冰抓的幫助下，情況非常狼狽，不斷於冰上跌倒。

1
———
2

1　日落一刻，漫天金光，腳下鬆軟冰雪閃閃發亮。
2　衝過終點後，這位選手高興得全身伏在冰湖上。

最後三公里，我突然感到天旋地轉，應該是血糖過低的即時反應。我把身上最後一塊的救命朱古力吞下，希望可以頂到終點。這是我一生中最痛苦的三公里，我滑倒了不下N次，連痛的感覺也沒有，只有冷和冰冷，只知道若不爬起來，我應該會凍死在冰湖。

不必要的身體機能已自動關掉，我的腦海一片空白，只知道必須往前走，走到終點才可以保命。無人駕駛的斷片狀態，如行屍走肉般蹣跚地走，直至終點的標誌出現在視線才可獲救。終點是這麼近，但又遙不可及，身體異常冰冷，如快要熄滅的蠟燭，這應該是身體發出的最後警號，但我告訴自己：「不管發生甚麼事，我一定要返回終點。」

這時的我，已經由比賽模式轉為求生模式。

衝線倒地

最後50米了，我遠遠看見早已完成半馬的冼水福，他察覺我有點不對勁，似乎想撲出來扶我，但我連呼喝的力氣也沒有了，只能心裡暗罵他：「XYZ，你千萬不要出來扶我，不管時間是多少，不管是否最後一名，如果我因為你扶我而被取消資格，我豈不是白熬了七個多小時？」

幸好冼水福並沒有出手相助。為了不想在最後一刻跌倒，以PK的滑稽醜態衝線，在冰湖馬史上留下笑柄污名，我用上天借來的體力慢慢前進。偏偏接近終點的冰層如壕坑般凹凸不平，甚至無法越過要繞道而行，真是爆粗也不能形容我的憤怒。

衝線沒有任何興奮，沒有力氣拿出「我要真普選」的直幡衝線，也沒有任何失落，我喃喃説出「我有低溫症，救我……」接著便不支倒地。

BAIKAL ICE LAKE

命懸一線

「Frankie！Frankie！你要醒呀，不要睡！」

冼水福不斷拍我，要我維持清醒，若我失去意識，最壞的情況可能是一睡不起了。

我倒下後，他扶起我，替我加衣保暖。可能礙於語言不通，大會剩下的幾個工作人員站在一旁不知如何支援，冼水福二話不說，企圖扶我回到酒店，我總算可以勉強站立步行，但這短短100米，我也不能一口氣完成，中途要在一個室內ATM休息。

在零下30度過了一整天，我差點忘記室溫的感覺，模糊中記得冼水福正在救我，但他做了甚麼我全沒印象。休息一會後意識逐漸恢復過來，我鼓起勇氣地步出ATM，冼水福扶我進入酒店後，職員看見情況不妙，立刻預備了一些熱茶給我暖身。

我隨後才發現，面罩內的下頜位置，竟然結了一塊大冰膜，應該是我呼吸的水氣凝結而成。原來我的喉嚨一直被冰封著，但跑的過程我感覺不到，這會不會是令我體溫急速下降的原因？

回房間後，我的身體仍然非常虛弱，泡過冼水福預備的熱水浴後，我才有半點返回人間的感覺。

冼水福後來告訴我，原來他在終點等了很久也看不見我，差點想跟大隊回酒店休息了，幸好最終繼續留守。他又說，終點看不到有掛紅十字的醫務人員，要不然我很可能因低溫症而失救。

再見貝加爾湖

由死亡邊緣折返，回來又是一條好漢，晚上還可以參加大會的慶功宴。大伙兒在宴會廳談笑風生，回憶比賽經歷，交流各地比賽經驗。觥籌交錯間，大家如喝水般狂灌伏特加，可惜我才剛剛撿回魂魄，還是滴酒不沾好了。

宴會高潮是頒獎環節，大家都想知道本屆冠軍跑多少時間？大會當晚只是頒獎，具體的成績之後才在網上公布[2]。我總算克服冰湖馬拉松的考驗，能在這個特別的地方，取得人生第五十面馬拉松獎牌。

冰湖馬拉松的經驗永世難忘，我算是三生有幸，碰上十年一遇的惡劣天氣，最後憑著意志以7小時38分的成績，成為最後一個完成的選手。跑過南極的水福老師也說，這天的天氣比南極更惡劣，如此情況下絕不應勉強作賽，能全身而退全是幸運。

翌日，我們乘西伯利亞鐵路向蒙古出發，告別既是地獄，也是天堂的貝加爾湖，繼續餘下的旅程。若讀者也躍躍欲試想跑冰湖馬拉松，不知你們喜歡如此惡劣天氣，還是天朗氣清、惠風和暢的日子？

▶ 完成獎牌

② 2015年的冠軍時間是3小時28分40秒

貝加爾冰湖馬拉松賽會訪問

外篇

◀ Lisa Norkina

比賽期間，我認識了冰湖馬拉松的賽會，並與主辦單位 Absolute Siberia 保持聯絡。我們很有興趣了解，是哪個瘋子提出要在嚴寒的冰湖上跑步？賽會代表 Lisa Norkina 講述了，辦冰湖馬背後的一些有趣故事。

問： 為甚麼會有辦冰湖馬拉松這個想法？

答： 2004 年，名為「Winteriada」冬季運動及旅遊節在貝加爾湖舉辦。我們公司希望辦一個活動，成為旅遊節的一個項目。思前想後，不如舉辦馬拉松比賽？

我們最初的構思是，在沿著湖邊的高速公路辦馬拉松，但公司總監 Alexei Nikiforov 看地圖時發現，湖的對岸剛好是 42 公里，但只能在冬季湖面結冰的日子，才可以跑過湖面到對岸，比一般的路賽有更大的挑戰，幸好我們一一克服了問題，終於在翌年舉辦了首屆貝加爾冰湖馬拉松。

這是俄羅斯最有特色的馬拉松，也是全世界最平坦的馬拉松，更是唯一在世界地圖上，可以看到路線的馬拉松呢！

問： 怎樣確保賽道安全，不會出現冰裂的情況？

答： 從貝加爾湖開始結冰起，我們會開始為賽道作準備，留意湖面的情況，並會以科學和專業的方法檢測路線的安全。最終的路線，也要視乎結冰的情況，有時是由西岸跑到東岸，有時則要轉換方向。

問： 冰湖馬算是極地的比賽嗎？

答： 是。因為貝加爾湖冬天的天氣變化是完全沒法估計（如積雪、凹凸不平的冰裂縫及冰洞、突然而來的暴風雪），大家不要忘記賽道下是全世界最深的淡水湖，是另一個海洋的世界，各種生物呼出的氣體，可

能令冰塊微微裂開，其他比賽是不會出現這些挑戰的。

除了考驗體能，還有心理上的挑戰。冰湖馬的沿途只有白色一片，沒有其他地形與建築物參照，視線範圍內很可能看不見其他跑者，完全失去了距離感，感覺就好像不斷向前跑，但老是在同一個地方跑，只能靠沿途設的指示牌。

問：比賽最寒冷的紀錄是？

答：比賽有史以來最冷的一年是2007年，起步一刻的氣溫是零下37度。

問：比賽有沒有名額限制？

答：到目前為止，我們只能限200人參與。這並不是怕太多人在冰上走動，壓裂湖面的冰層，而是我們需要預備足夠的水陸兩用的氣墊船，以便在緊急的時候讓跑者撤離。但在2017年起，我們有望增加氣墊船的量，估計可以將名額大幅增加至500人。

問：除了讓跑者挑戰自我外，賽事還有沒有其他目標和抱負？

答：我們希望帶出「珍惜水資源」（Clean Water Preservation），以及保護貝加爾湖的自然環境。例如，自從第一屆開始，我們積極參與當地一個保育運動，要求政府搬走位於貝加爾斯克（Baikalsk）的造紙廠，因為該廠長久以來為貝加爾湖帶來嚴重的污染問題。經過我們的努力，該廠最終關閉了。

2006年，輸油公司Transnet Oil Transport，有意在貝加爾湖北部興建輸油管，我們呼籲所有跑者一同聯署向總統普京請願，積極參與反對興建輸油管的運動，普京最終順應民意，停止了該公司興建輸油管的計劃。

西伯利亞鐵路之旅

計劃冰湖馬拉松行程之初，最簡單是飛往伊爾庫斯克（Irkutsk）跟大會會合，既然伊市是西伯利亞鐵路的一站，不如順道計劃一趟西伯利亞鐵路X跑步之旅。

碰上俄羅斯盧布大貶值，全程火車票大約7,000港元，這19日的旅程，遊了三個國家、九個城市①，跨越五個時區，還創下個人最長五天無洗澡的紀錄。

一般西伯利亞鐵路遊都會選擇在夏天，四方打聽之下也找不到有冬遊西鐵的經驗的朋友。反正要跑冰湖馬拉松，如果連有暖氣的火車也克服不了，還談甚麼冰湖馬拉松？我也樂於接受這個「冷」身賽。

計劃西伯利亞鐵路旅程相當複雜，要在俄語網站訂票已教人一頭霧水，還要計劃停哪些城市、車程、停留多久、時區計算、坐甚麼等級考慮因素；而且俄羅斯的部分更須於14天內完結（因為特區護照免簽證的期限只有14天）。若因計劃有誤或突發意外而影響行程，輕則誤了比賽日期，重則被逾期居留受罰。

所以，設計行程一定要非常小心。

由莫斯科慢慢地向貝加爾湖進發，沿途遊覽多個歷史名城，完成比賽後亦可在火車好好休息及欣賞沿途風景，美景教人喜出望外，亦期待下一站的風景。就像是享受一頓豐盛晚餐，由頭盤、美酒、正餐及甜品所帶來的道道驚喜，絕對不是坐飛機瞬間轉移式的直達可以比較。

這次冰湖馬拉松X西伯利亞鐵路遊是正確的選擇，也是人生中一次難忘的旅遊經驗。

---

① 由莫斯科出發，停留弗拉基米爾（Vladimir）、蘇茲達爾（Suzdal）、下諾夫哥羅德（Nizhny Novgorod）、喀山（Kazan）、葉卡捷琳堡（Yekaterinburg），到伊斯庫斯克（Irkutsk），然後再經蒙古烏蘭巴托和北京返香港。

| 1 | 1 | 蘇茲達爾（Suzdal） |
| 2 | 3 | 2-3　這趟西伯利亞鐵路X跑步之旅，途經了弗拉基米爾（Vladimir）、喀山（Kazan）、葉卡捷琳堡（Yekaterinburg）等多個城市。 |

計劃海外馬拉松行程

世界各地比賽資訊

一‧世界上的各種賽事

ahotu Marathons 網站
(marathons.ahotu.com)

擁有超過 37,000 個賽事資料的網站,包括全馬、半馬、超馬和山賽,少至幾十人的冷門鄉下地方賽都有,亦有賽事報道和賽會的訪問,是強大驚人的資料庫,也是喜歡另類賽事跑者的大字典。

網站的賽事搜尋功能,讓你從類型、地區、國家和日期等方面尋找比賽,相當方便。

二‧美國以外的國際賽事

國際馬拉松協會(AIMS)網站的日曆
(aimsworldrunning.org/Calendar.htm)

該會的會員,主要是歐洲、亞洲、非洲、澳洲和南美洲的大型賽事。網站列出所有會員賽事的日期及網站連結,相當清楚。

三‧國際及美加賽事

美國網站 Marathon Guide
(www.marathonguide.com)

這個網站的馬拉松比賽資料相當齊全,還有跑者留言評分作參考,但版面沒有 AIMS 的簡潔清晰。可以留意 Calendar 一欄,找美國和加拿大比賽,就 click 「US & Canada」;找國際比賽就 click 「International」。

四‧澳洲賽事

澳洲大型運動綜合網站(irun.org.au)

這網站除了列出澳洲比賽的月曆,還有各種跑步資訊。

五‧日本賽事

近年來,日本已成為香港跑者外跑最熱門地點,除了著名的大賽,各縣市還有很多鮮為外國人知道、英語網頁也沒有列載的特色比賽。

JTB 網站（jtbsports.jp）

JTB 網勝在有中文、英文和韓文版，方便外國跑友報名，但比賽的選擇不及以下兩個網站多。

Sports Entry 網站（www.sportsentry.ne.jp）

若 JTB 網未能滿足你，可以留意這個網。網站有英文可選擇，但並不是所有比賽都有英文版。

RUNNET 網站（runnet.jp）

號稱日本最大的跑步網站，不過只有日文版。

六·台灣賽事

台灣比賽受香港跑者歡迎，每年大大小小的比賽都有數百場，只要每周參賽，寓訓練於比賽，便可以很快累積百馬，所以台灣破百馬的跑者相當多，若希望用最少的金錢和時間破百馬，唯一方法是勤跑台灣賽。

需要注意的是：台灣不少比賽都要在當地的 7-11 繳報名費，透過類似繳費靈的「ibon」系統付費，最好結識長住台灣的朋友，方便幫忙報名。台灣由於選擇多、有競爭，比賽水平不斷提升。

跑者廣場（www.taipeimarathon.org.tw）

雖然貌似土炮，但這是最方便的台灣比賽搜尋網，還有英文的版本。只要click「全國賽會」一欄便會看到賽程曆，還可以就地區（北部、中部、東部、南部）、賽事性質（超馬、全馬、半馬……）過濾搜尋。

運動筆記（tw.running.biji.co）

運動筆記是台灣最大型的綜合跑步資訊網站，只要click「賽事」欄內的國內賽事，便看到賽程曆。

七·Google 搜尋法

在 Google 輸入城市名字再加 Marathon/馬拉松，都會找到比賽的官方網站。

八·世界六大馬拉松

六大馬拉松的網頁
（www.worldmarathonmajors.com）

世界五大馬拉松聯盟於 2006 年成立，由紐約馬拉松、倫敦馬拉松、波士頓馬拉松、芝加哥馬拉松及柏林馬拉松這五個最大型、水準最高、也是最有氣氛的比賽發起，東京馬拉松則於 2013 加入，成為六大賽事之一。

六大馬拉松之中，波士頓是以成績隣選參加者，其餘五大都以抽籤報名（柏林和芝加哥是近年才改為抽籤，紐約和倫敦則最難中籤），同時預留名額給時間達標的半精英、透過慈善團體報名的參加者及海外馬拉松旅行社等。

完成六大賽事的跑者，只需把成績和證明提交網頁，便可以得到完成六大的證書。截至 2015 年 11 月，全世界目前已有 505 名跑者，經官方證明先後完成壯舉，登上了六大的名人堂，當中包括六名香港跑者。

對精英職業跑者，六大馬拉松有如高手雲集的一級方程式巡迴賽，每一站的獎金都相當豐富。

實月資料

其他資訊

報名

台灣、東南亞比賽的報名費一般較香港便宜（香港渣馬為350港元）。隨著日圓、歐元和澳元近年大幅貶值，三地比賽的報名費亦不算昂貴，大約也是幾百元左右。每年1月舉行的沖繩石垣馬拉松，報名費只是三千日圓，折算港幣才不到二百元，比香港渣馬及台北馬拉松更便宜，可謂物超所值。

美國的比賽較昂貴，報名費通常都要百多二百塊美元，因為比賽沒有政府補貼，賽會要付路費、警察及相關公務人員值班的開支，羊毛出自羊身上，當然要轉嫁給跑者了。

外國不用抽籤，且不會一兩天爆滿的比賽，通常提供早鳥價格優惠（Early Bird Rate），早一點報名，費用就便宜一點。至於採取先到先得方式報名的熱門大賽，請大家第一時間率先上網報名；若是採取抽籤的方式，只好乖乖等待賽會公布結果，看看命運之神會否眷顧了。

另一個可考慮的選擇是參加旅行社的馬拉松團，香港和台灣近年來也頗流行，尤其是很難報名的比賽，但跟團會少一點彈性。

馬拉松賽季

北半球的城市，馬拉松比賽通常集中在秋季（9月至11月），或春季（2月至5月中），以避過炎夏與寒冬。當然，也有比賽以冬天為賣點，例如西伯利亞貝加爾冰湖馬拉松，或挪威特羅姆瑟（Tromsø）1月的北極光半馬拉松，但看不看到北極光，則要碰碰運氣了。

東南亞只有夏天，所以比賽全年無休，只要你不怕熱。南半球的天氣與北半球相反，所以7月較涼的天氣，反而適合辦馬拉松，例如澳洲黃金海岸馬。

時限和氣氛

歐美澳洲和日本的馬拉松時限一般較寬鬆，至少也有六小時時限，而且起步時間通常是遲至早上8、9時，既可避免晨早噪音對市民的滋擾、讓參加者有充足睡眠，也讓老弱傷殘的跑者都有足夠的時間完成，體現全民參與和傷健共融的精神。

馬拉松更是一年一度的大型活動，市政府都傾向開放市中心路段，讓市民可以觀賽和打氣，沿途打氣團更不在話下。日本的比賽，沿途市民提供給跑者的食物和補給更是包羅萬有。

標榜自然風光景觀的比賽一般比較寧靜，大家可以專心看風景。有些大會亦安排打氣團，為比賽添上一點熱鬧的氣氛。

氣候

歐、美、日本的春季和秋季會寒冷，可能只有攝氏幾度，甚至可能會下雪，大家要小心保暖。

外國人通常有兩種做法，起跑後把外衣脫下四處拋（起點的一公里，路邊全是棄置的衣服，大會會回收及清潔後，會捐給慈善團體）。節儉一點的跑者，就把大垃圾膠袋剪成背心般，起跑後就脫下棄掉。

Expo博覽

外國比賽前的周四至周六，通常有大型Expo。各種品牌、零售商、運動食品、慈善團體及其他的馬拉松比賽都設攤檔展銷，價格比外面的店舖便宜。若到賽前才發現缺乏裝備，最後一分鐘補給也趕得及。

日本的博覽一般都有運動用品特價攤和大會官方紀念品攤位，貨品價錢超值又吸引，只可惜數量有限，如果等到賽前一天下午才去，則貨品不是售罄便是斷碼。博覽會上亦多見當地美食檔，甚有節日氣氛，非常吸引。所以日本賽事的博覽，要一早就去，還要預備玩上大半天呢！

Pasta Party

某些比賽還有大型的Pasta Party，為跑者補充足夠肝醣，以備翌日燃燒，有的要額外買票，有的是已包含在報名費內。

單看名字，Pasta Party好像很有趣，例如本書介紹的Médoc馬拉松，但很多的Pasta Party在Expo同場舉行，讓大家取號碼布、血拼體育用品後，有些東西填肚而已，沒有多少派對氣氛，意粉的質素也極一般。

Breakfast Run/Fun Run

不少大賽和小賽，例如東京、奈良、柏林、巴黎、三藩市或古巴夏灣拿，都會比賽前一日（周六）設Breakfast Run/Fun Run，讓跑者熱身。名額約一二千，路程約四、五公里左右，還有精英運動員領跑。

大賽或小賽

過萬人的大賽，安排一般較完善和清楚，通常是海外初馬者的首選。

小賽勝在容易結識外國朋友，因為參賽者通常只集中在某兩三間酒店，適合走獨立路線、愛尋幽探秘的跑者。

不過，若參加的是發展中國家辦的小賽，除了計劃行程會較複雜，更需要有「中伏」的心理準備，因為比賽可能發生很多意想不到的奇怪事情，輕則計錯距離、中則封路形同虛設、重則水站缺水缺糧，跟大賽是完全不同的體驗。

馬拉松以外的選擇

海外當然也有半馬、十公里等賽事，但多是甚少向外宣傳的本地比賽，網站也未必有英文版，增加了報名的難度。若一家大小一起去跑，可以考慮找一些短距離的歡樂跑賽事，例如日本的Minions Run（迷你兵團跑：minionsrun.jp/area）。

不參與比賽的友人，還可以在賽道旁與當地人一同打氣。外國，特別是日本的比賽，很鼓勵市民上街打氣，甚至派發打氣指南，這對同行的友人也是很特別的旅遊體驗。

實用資料

出國跑步注意事項

比賽前

1. 發展中地區的比賽，指示及賽道路線未必會很清楚，高度圖也未必提供，要考各位的應變能力了。

2. 因為香港和台灣的跑者較缺乏冬天作賽的經驗，再提點多一次，到寒帶比賽要注意衣著。

3. 請了解比賽的目的和意義。例如，「保護世界潔淨的水資源」是西伯利亞貝加爾冰湖馬拉松其中一項目的，所以跑者應帶備尿袋，不要隨處便溺；Médoc馬拉松則不鼓勵競賽，跑者宜盛裝打扮，享受比賽的歡樂。

比賽時

1. 不要忘記帶現金，特別是東南亞的比賽，方便沿途經過便利店買冰飲降溫。

2. 小心留意上線的時間，特別是日本，錯過了便要排最後了。

3. 上線時，請遵守起跑區的設計，按自己的速度去相應的起跑區。

4. 若比賽日天氣寒冷，而且賽會亦會收集舊衣物捐出，跑者可以穿多一件舊衣服或舊外套保暖，起跑後把衣物脫掉棄置。

5. 請把紙杯等垃圾棄在垃圾收集箱，或水站附近的地面，方便工作人員清理。

6. 到達食物站或市民的民間補給站，請停下來慢慢取用。若一邊跑、一邊取，一不留神很可能把人家精心預備的食物或飲料，全盤打翻浪費。

7. 取食物時請停一停，並向提供補給的市民致謝，所以各位跑者請學習，如何用當地語言說「謝謝」。

8. 遇到打氣團的表演，不妨停一停欣賞和鼓掌，謝謝他們的支持，這比快多幾分鐘完賽更有意義。

9. 若要在賽道上拍照，請小心留意周圍的環境，盡可能靠邊站，不要突然停在路中間拍照。

10. 盡可能不要帶耳筒聽音樂，這才可以全情投入比賽，跟打氣的市民互動。帶耳筒聽音樂亦會令跑者分神，遇上突發事件也未能第一時間反應。

旅遊時

1. 若有一班朋友一起去跑，在車上、餐廳和酒店時請降低聲量，不要滋擾他人。

2. 若參加地區的小型比賽，不妨多一點消費，支持當地的小商戶，以回饋當地人對馬拉松的支持。

最後：出國跑步對大部分非精英跑者而言，是旅遊活動多於體育競賽，所以請各位不需介意成績，最重要是放開懷抱，好好用心享受和體驗外地的風土人情，擴闊自己的眼光，這才是去外國跑步最寶貴的收穫。

若果去世界各地跑，只是為了跑成績，眼老是盯著錶看配速，腦總是想有多少時間要追，沿途的風景人物卻統統錯過，那麼最後即使去過很多比賽，回憶裡都可能是空白一片。珍惜路途上的每一步才最是重要。

實用資料

香港渣打馬拉松·
給慢腳的完賽攻略

關於香港渣馬,我想說的其實是⋯⋯

香港渣打馬拉松是教跑者又愛又恨,它是世界最大型的比賽之一[①],最近更升級為國際田聯的金標賽事,也是香港唯一吸引各大主流傳媒報道的比賽,但若把香港渣馬跟一流的賽事比較,有待改善的地方也著實太多。

不過,對於種種的批評,香港渣馬支持者則認為,不應老是盯著有缺失的地方,而對賽事有百般的批評,每個地方都有其難處,畢竟很難以歐美日本的標準來衡量不重視體育的香港,若你介意便不要參加好了,反正沒有人強逼你參加。

這種說法並非不合理。渣馬欠缺氣氛、欠缺民眾參與,其實香港政府也有責任。當政府以葉公好龍的心態對待馬拉松,美其名為「盛事」,實定性為「擾民」活動,主辦者從來習慣把賽事安排在黎明前摸黑出發,從不考慮讓公眾參與,並以遠離群眾和市區的高速公路和「三隧三橋」為主要賽道,減低封路及噪音對市民的「滋擾」。

事實上,主辦者的目標,只是辦一個年復年的比賽而已,既不積極向政府爭取更好的路線,也不積極爭取社區的支持、從不覺得公眾參與重要;跑者亦已習慣每年凌晨起床一次挑戰「三隧三橋」,務求在香港最重要的比賽中,突破自己的成績,反正350元的報名費並不昂貴,對比賽沒有特別高的要求和期望,亦不太管由誰主持開幕鳴槍、由甚麼品牌贊助比賽等。

---

① 維基百科網頁:en.wikipedia.org/wiki/List_of_largest_running_events

市民態度冷漠，往往因為香港渣馬的私人、商業及宣傳的性質濃厚，連名字簡稱也叫「渣（打銀行）馬」，並不覺得這是屬於廣大香港人的活動。為甚麼要為一個與我無關、又不是慈善公益的活動，而犧牲一日的方便？

況且，香港渣馬也沒有相近的競爭對手，香港只有渣馬的賽道，可以橫跨香港島、九龍及新界，特別是平日行人止步的大型基建，其他馬拉松只能局限在地區或郊外舉行。

缺乏競爭和選擇之下，賽會自然樂得一切從簡，只提供最低限度的補給、也不太著意提升比賽氣氛，連 Expo 和比賽網頁也是近乎簡陋，一切只為準時在下午2時前解除封路及結束比賽，讓城市盡快回復「正常」的運作。

在這種限制和安排之下，賽會、政府和跑者亦滿足現狀，無意求變，香港渣馬只是寧靜的競賽，沒有氣氛、沒有打氣、沒有人情味、沒有公眾參與是很自然的結果。

雖然如此，香港渣馬對香港跑者很重要，除了是每年一次的自我挑戰，更是不少本地跑者的人生第一馬。我們希望可以詳細介紹這條跑道，協助以限時內「完賽」為目標的初馬者，讓各位早日在渣馬成功畢業，然後可以向世界出發，享受世界各地各式各樣的馬拉松比賽。

網頁欠奉高度圖

賽會一直把香港渣馬定位為「以本地人為主」的賽事，單是服務本地跑者已經供不應求了。外國跑者如果有興趣參加，請密切注意報名時間，因為渣馬報名是先到先得，若不在第一時間登入報名，大有機會落空。

香港渣馬網頁提供的賽道資料奉行極簡主義，地理位置以概念形式表示，連賽道高度圖也欠奉。雖然賽前一周領取選手包內內的場刊，有列印賽道的高度圖，但並沒有標示相應的地標或地名，假如跑者對香港地理並不熟悉，對著這樣的一張高度圖，只能大概估計跑進地底應該是隧道，難以猜想那個高位是橋頂。

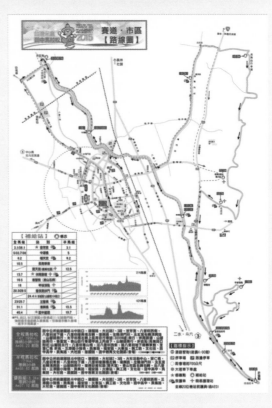

雖然到2015年，官方網頁上終於提供了賽道全程的快速錄影片段，不過錄像的內容既沒有解說，片段中顯示的高度圖亦模糊不清。正如坐車是無法很準確感受路面的高低起伏的道理，這個片段除了簡介沿途大約的風景，也實在沒有甚麼參考價。

如果香港渣馬全程是平路也問題不大，但渣馬全程總爬升多達150米之譜，假設一層樓高2.5米，150米等於60層樓，遠遠比其他以平路為主的城市馬拉松為斜，而且首八公里便要上升70米（假設高度圖準確無誤），總不能假設所有參加者都有經驗，一早知道如何在這條賽道上分配戰力。

先不論東京馬拉松這些一級大賽，即使是之前介紹的過的台灣田中米倉馬拉松，其網頁內亦清楚刊載了馬拉松路線圖及高度圖。

或許正是這一切從簡的渣馬，造就了香港跑者這種資料自己找、凡事靠自己、困難當磨練的「獅子山精神」。

一‧頭半馬（起點至汀九橋）

起跑區

香港業餘田徑總會屬下的跑會，及對上一屆以3.5小時以內完賽的跑者，都可以優先報名香港渣馬，其餘的名額以先到先得的方式公開報名。至於挑戰組和其他組別的分流，純粹靠跑者自律。在比賽當日，除了認可的精英和半精英專區之外，起跑區內的排位也沒有特定區分，需靠跑者自律。

所以，當大部分跑者高估自己的速度時，豈會不爭相搶佔前列位置的？**香港跑者分秒必爭的意識，更容易令起跑之際出現混亂，歷年來因為在起跑時推撞和自拍而引致意外的情況屢見不鮮，跑者千萬還是多加忍讓及小心安全。**

1	
2	4
3	

1　起步一刻天仍未亮，跑者充滿戰意。
2　渣打馬拉松官方網站路線圖頁面（2016），一切奉行極簡主義。不熟悉香港地理的跑者實在難以憑空想像賽道細節。
3　渣馬場刊刊載的賽道圖及高度圖（2015）
4　田中馬拉松路線圖：能想到的資訊都有了！

跑者若希望爭取好成績，最好提早至少半個小時到起跑線準備，先佔據有利位置。相反，如果只以完賽或挑戰自己為目標，則不妨站到比較後排的位置，避免被其他人推撞。

起點的洗手間尚算足夠，唯大會歷年來都不設更衣專用帳幕，女跑者尤其要注意。

尖沙咀至昂船洲大橋

路線方面，過往會在起跑後由彌敦道轉入柯士甸道，再轉入連翔道然後接駁上西九龍高速公路，但因香港高鐵工程關係，2016年改為沿彌敦道跑至旺角，再左轉亞皆老街後入西九龍公路。

賽事初段較人多及擠迫，小心附近穿插的跑者。男跑者請留意，進入西九龍公路前，有一小段路邊有草叢，若要方便請趁機會，不然往後只能排隊上流動廁所了。

由西九龍公路開始，一直到昂船洲大橋頂的八公里都是在爬坡，也是整個賽程最長及最斜的爬升路段，只是比賽初段人人戰意高昂，體力還未消耗，未必感覺特別辛苦。

但時間是不會說謊的，假設每公里爬坡比跑平路慢30秒，頭十公里便會較預期慢四至五分鐘。**如果發現自己開頭十公里比平常慢了不少，也不應擔心落後了，因為這對一般跑者是正常不過，千萬不要因此被打亂陣腳，並要切忌因為比賽氣氛或追趕其他跑者而提早發力，保持自己習慣的節奏完成整個上坡段才是重點。**

在昂船洲大橋上，跑者可以俯瞰葵涌貨櫃碼頭的佈局，大家平常只能在往香港機場的路途上匆匆一瞥，現在大可慢慢欣賞了。過了昂船洲大橋的最高點後，由南灣隧道直至青馬大橋之間有一段下坡路，可供跑者稍為休息回氣。

總之不必著急於加速，因為挑戰還陸續有來。

1　青馬大橋　　　　　1
2　昂船洲大橋
　　　　　　　　　　2

附錄

青馬大橋：斜坡上不停

跑過幾次香港渣馬後，青馬大橋給我的印象就是：「斜坡攻頂」。

由上橋開始，已經不停看到過了折返點的快腳跑者迎面而來，但自己還是看著橋頂跑個沒了沒完。撐到橋頂後又再向下跑至折返點，一回頭，馬上又把剛才撐過的斜路再爬一次。

比起昂船洲大橋，青馬大橋那種像「山」一樣的感覺更明顯，若果沒有跑斜路的準備，那麼跑完青馬大橋後的感覺恐怕會相當不對勁。只不過跑了十多公里，感覺卻像跑了半馬拉松一般費力。

這正是香港渣馬的最大挑戰。**要不苦練爬坡克服斜路，要不就放慢平均速度以留力應對**。沒有仔細分析賽道及分配體力下，要以沒有力竭的情況完成香港渣馬並不容易。若新手第一次跑香港渣馬表現失準，達不到預期的成績也不必自責，請好好汲取經驗翌年再來。

跑青馬大橋的秘訣只有一個：把它當作山來跑，爬坡寧可放慢都不要勉強費力，下坡則可以稍為放鬆些，力求回氣而不要太快太急。

最後提一提你，青馬橋折返點有大會攝影師拍照，請大家緊記保持笑容拍照。

汀九橋

跑過青馬大橋後，「三隧三橋」已經完成了一半了，下一個挑戰輪到汀九橋。

汀九橋猶如迷你版的青馬大橋，只是上落幅度較輕微，用應付青馬大橋的方法來跑就對了。

汀九橋也是全馬的中間點，不過大會的計時安排倒是相當奇怪，計時地氈是放在20公里的折返點處，而不是放在半程的中間點。當全世界的馬拉松都以21公里為半程，就唯獨渣馬以20公里折返點作為半程計時點，這可算是渣馬特色，千萬別以為踏過計時地氈就完成半程了。不知道升格為金標賽事後，這奇怪的安排會否有改善？

跑到差不多半程起，一般都是跑者開始補給的時候了。渣馬名義上提供朱古力和香蕉作基本補給，但經常出現補給桌上空空如也的情況，要不連蕉皮也看不到，幸運的跑者也只拿到青澀難吃的生蕉，這些經驗幾乎是香港跑者的集體回憶，早已習已為常、見怪不怪了。

曾有工作人員在討論區「爆料」，指大會雖然準備了足夠的補給品，但有義工刻意不派發，好讓賽後當剩餘物資搬走自己享用[2]。

另一方面，香港也沒有民間補給的文化，大會不鼓勵市民以食物支援跑者，甚至會滋擾派食物的市民[3]，再加上香港渣馬八成的路段屬行人止步的高速公路，有如台灣的「國道馬拉松」，跑者不可倚靠像日本和台灣流行的民間補給幫忙。

可能因為這方面的投訴太多，到2015年的一屆終於有點改善，大會不再滋擾沿途的民間補給站，並在西隧口前提供番茄，但某些站的派發還是相當吝嗇，例如朱古力每人只限取一條，香蕉是要等職員派發，跑者自己不能像外國一樣自己取，凡此種種。

所以一定要再三提醒大家，**千萬別指望靠大會的補給，自備補給才是最實際的辦法。**

自備補給方面，請注意某些牌子的能量啫喱比較濃稠，沒有清水「送服」將難以嚥下，跑者可考慮試試較稀的啫喱。

[2] 〈網傳義工扣起物資〉，《蘋果日報》，2015年1月23日。
[3] 〈馬拉Joe：心灰意冷的「歡樂滿港馬」〉，《港文集》網站，2014年2月18日。

附錄

二 · 後半馬（汀九橋至維園終點）

開始回程潛行

跑過汀九橋，出了長青隧道回葵涌，香港渣馬的「三隧三橋」已跑剩西隧，很爽吧？

所謂登高望遠，渣馬路上的最高點已跑過了，比較「好山、好水、好風光」的地段都看過了。由這裡開始去到九龍西隧入口前的十幾公里回程，全部是公路再加阻擋景觀的隔音屏障，步步都是意志的消磨。

有練習長課的朋友對這種「開始有點累，雖未爆掉，卻悶得發荒」的感覺並不陌生，跑這段路就是那種的感覺了。

儘管每名跑者需要補充的水分、糖分和電解質的分量不盡相同，也要視乎當日天氣的狀況。過了半程之後，建議跑者在每個水站好好補充，這對於保持表現和防止抽筋尤其重要，但請留意香港提供沒有礦物質的蒸餾水，也沒有鹽分、鹽餅之類的補給，要補充電解質只能喝運動飲料或自行帶備了。

長青隧道至長青橋

由長青隧道內第一個水站，至葵涌公園對開的水站七公里路，只有公路及隧道，體力下降後，單調的景觀、漫長的寂靜及重複的步調，都容易令跑者腦筋空白，慢慢失速而不自知。

1	3
2	4

1　汀九橋上的「中間」計時點
2　2015年大會開始在西隧口提供番茄
4　某些站的香蕉要工作人員配給，拿到青澀的生蕉便倒霉了。
6　朱古力只限每人一條，跑者要自己拆包裝紙。

不如試試找些額外動力幫忙？可以認定一個一直在你附近，步速跟你差不多的俊男美女跑者，然後跟著她/他跑吧！連村上春樹都説，自己會盯著美女的屁股來跑，死命跟著前面的俊男美女來跑，也算是一道提神醒腦的良方。

能夠一同在路上跑了 20 多公里，證明你們實力差不多，而且也算有緣吧。

不用擔心找不到心儀的目標，你沒聽過跑步的男女特別美嗎？況且你大概開始頭昏眼花了，剩下的靠自己想像吧。

青葵公路至西區海底隧道

若果長青隧道已令你覺得悶了，下一段青葵公路、西九龍公路至奧運站的六公里就更悶！沿途只有柏油路、隔音屏障、義工、水站、然後更多的義工和水站……其他就甚麼也沒有。

雖然全程輕微下坡，體力減退下仍然可以應付，但若碰上烈日當空的溫暖天，體力消耗也不會少，不要忘記在近南昌和奧運港鐵站的兩個水站補充水分。

跑全馬的你，跑到這裡的感覺應該還可以，但如果你已經開始覺得困乏而且開始失速（還記得你爬完三座橋嗎？），那麼你應該要開始減慢速度保留力量，要不然在最後十公里（西隧至終點）爆掉的機會就會非常高。如果現在已經抽筋，那麼就會連在限時中完成賽事都會有困難。

特別提醒各位跑者，渣馬的半馬賽道，設定在美孚附近折返，並與全馬合流到同一條賽道上。 由於參與半馬的跑者眾多、速度參差，全馬和半馬跑者匯合的路段會突然變得非常混亂和擠塞，身邊熟悉、步速相若的背影，忽然全部消失在人群之中，全馬跑者的步速與節奏很可能因此被打亂。與半馬跑者混雜的情況，將一路延續到衝線，所以跑者要有心理準備，不要被突然出現的人潮影響。

跑到奧海城附近，終於有一點來自行人天橋上的打氣聲，加上下坡，轉眼間西隧入口就近在眼前。

1
—
2

1 全馬與半馬匯流後，賽道變得十分擁擠，甚至打亂跑者的節奏。
2 穿制服的義工身兼打氣團

為了應付前方的西隧，跑者最好在進入西隧前的水站好好飲水休息。下一個水站位要到上環信德中心附近，如果要飲水沖服能量啫喱作補充，現在就是好時候了。

香港的心碎丘：西隧

未跑過香港渣馬的跑者，都可能知道西隧是最難克服的一段，要先深入海底，然後又再急升，而且空氣又混濁又悶焗，很多跑者都在這裡開始跑不動，要改為步行了。

但看高度圖的資料，西隧的坡道也許沒有傳說中那麼難跑，攀爬的斜度和昂船洲大橋差不多，只是因為來到西隧門口時，肌肉已經不太聽從大腦指揮了，甚至已接近罷工的臨界點，在這種疲憊的狀態下，還要一口氣爬升接近50米至干諾道西天橋頂方休，當然令人覺得比死更難受。

下坡進入西隧時，不要太心雄向下衝來賺那一丁點時間，卻徒增雙腳不必要的負擔；上斜時若然氣力不繼，寧可快步走，甚至乎改為步行，也不要勉強跑上斜，因為緩跑上斜並不比步行快多少，只會消耗更多的體力。若因此抽筋或受傷就更是得不償失。

西隧另一個令跑者心碎之處，就是當你以為踏出西隧重見光明時，等候你的並不是平坦大道，而是拐一個彎爬上干諾道天橋。這段斜路是壓垮駱駝的最後一根稻草，不少希望全程堅持跑、不步行的跑者，熬到這裡也終於洩氣步行了，有的更是一拐一拐。

過了西隧這段先沉海底再升天的路，若跑者在餘下的比賽仍能保持之前的速度，已經是相當難得了，若跑出 Negative Split（後半段比前半段快）的結果，更是一項值得炫耀的成就。

總之，保持心境平靜，確實地一步一腳印的走出西隧才是最好辦法。

◀ 西區海底隧道是最難挺過的一段

干諾道行人天橋至維園：又有喜又有愁

一直建議各位不要操之過急，必要時步行爬坡，好好預留體力，就是為了克服最後的八公里，並以最佳的影相姿態衝線。若果操練不足且狀態欠佳，抽筋及其他問題自然陸續浮現，最後八公里更只會愈跑愈慢，只能靠意志力完成賽事了。

跑到這裡，可說是勝負已分，能否做到理想中的時間大抵已經得失寸心知。對於一般跑者，完成西隧後都應該跑得腦袋一片空白了。眼前不管是龍和道橋底的上下坡，還是最後的馬師道天橋，仍有力氣便向前跑好了。

值得注意是，大會的攝影師大多集中港島路段，見到攝影師，請盡可能保持笑容吧。

相比於之前30多公里，人跡罕至的公路賽段，中環碼頭是香港渣馬較有氣氛地路段，跑者開始見到各大專院校或商業機構的打氣團，疏疏落落的分佈在路上為跑者加油。

唯一一個有市民觀戰的路段，是入銅鑼灣的最後一公里路，跑者在跑上最後的馬師道天橋進入銅鑼灣前，不妨休息一分幾十秒，然後盡全力一鼓作氣跑至終點。

不要忘記高舉雙手，笑著讓攝影機好好記錄你完成比賽的一刻！

▶ 銅鑼灣的最後一公里路，是唯一一個有市民觀戰的路段。

陳錦

作者感言

莊曉陽

能夠在短短三個多月，由零開始到出版，還找到眾多的香港和台灣朋友的推薦支持，的確有點奇蹟。感謝出版社願意給我們，寫馬拉松這種小眾的題目，希望不要連累出版社蝕本吧。

也要鳴謝我第一本書的出版社Cup（已結業了），願意在那個仍沒有多少人出國跑步的年代，讓一個未夠30歲的無名小卒，用二三百頁紙講自己怎樣跑步旅行。有了「跑步作者」的身份，亦讓我比一般人跑得更遠，有機會結交不同比賽的主事人，令每次旅程有更多觀察和體驗。

特別鳴謝台灣的朋友：江湖跑堂的江彥良先生，除了幫我們報名參賽外，還跟我們分享很多關於日本和台灣比賽的事情，及幫忙台灣方面的聯繫，這份情義我們永遠銘記於心；靖哥和真男人張嘉哲雖然不認識我們，但看過手稿後已爽快答應推薦，感謝他們的信任。

另外，也要感謝韓國朋友Sayid Jung，若沒有他的幫忙，我不會有機會參與波士頓馬拉松。

特別感謝Raymond Lo和Carman Tse，他倆是馬拉松路上最好的戰友和Support Team，令旅程變得更好玩和順暢，也令不可能變成可能。

也要感謝張樹槐先生、盧覺麟社長、陳冠英先生、盧峯先生、郭榮鏗大律師、呂秉權先生、黃大鈞先生及冼水福先生，過去一直的指導和幫忙，以及百忙之間抽時間看稿及寫推薦語。

最後再一次感謝我太太。她讓我覺得最幸福並不是跑遍天下，而是在每次旅程結束後，無論是終點或還是香港的家，都有你愛的人在等候你。

Edkin

記得那是 2009 年，一位朋友得知我剛開始跑步，就傳給我《CUP》雜誌中一篇關於法國尼斯至康城馬拉松的文章，一看之下，喜歡得不得了。

然後，就在同年的書展中看到《四十二公里的風光》一書，我才知道是該雜誌海外馬拉松文章的結集，更是看得心往神馳，驚歎原來世界之大，外面原來風光無限好。

那時我沒有想過會在「主場新聞」的聚會上，認識了該書的作者，沒想過會被他「導」了去跑海外馬，更沒有想過會和他一起寫這本書。

這些，就是緣分。一個人、一件事，牽動了遠方毫不相干的另一個人。感謝購買本書的你，和我們結下這淡淡一點、未知於將來的緣分。

感謝莊曉陽和天窗全人付出許多的額外努力，令本書得以面世。更重要是感謝我太太，支持著家庭裡的一切，讓我這個不羈放縱愛自由的大孩子，去到老遠跑步、飲飲食食，回家還可以寫稿，才能夠寫出這一系列文章。妳才是帶我到遠方的翅膀，謝謝妳。

Frankie Kwok

對我來說，寫作從來是一件很遙遠的東西。短短的半年間，由發表第一篇博文到第一次結集成書，這突如其來的一切著實有點意外，感謝出版社及兩位戰友的指導。

我特意多謝我太太，自 2004 年起的 40 多個海外馬拉松，絕大部分都有她在旁，不管地點有多偏遠。她有時是跑者、有時是觀眾、有時是小孩的母親，無論身分如何，也總會有她支持這個長不大的男孩。

我們由最初的的二人行，變成三人跑步旅行。七歲女兒於 2014 年在泰國清邁參與首次海外賽，她拿著獎杯的喜悅，是非筆墨所能形容。說不定這次的經驗，讓她也愛上去世界各地跑步，從而改變她的一生呢。

最後我要多謝在西伯利亞貝加爾湖救了我一命的冼水福先生。

盡情呼吸，自由奔跑

澳洲黃金海岸國際馬拉松

2016年 7月2-3日 Gold Coast Marathon
國際田聯合會金標賽事

馬拉松
半馬拉松
10km 跑
5.7km Fun Run
兒童/少年2-4km 跑

goldcoastmarathon.com.au

Queensland
Where Australia Shines
昆士蘭閃耀澳洲魅力

【最friendly】
2K到全馬任揀

作為國際田徑聯會金牌標籤賽事，黃金海岸馬拉松設有多個跑步項目，包括有任何人都啱嘅5.7公里Fun Run，10公里跑以及青少年4公里或2公里賽事；唔少得的當然有挑戰自我的半馬及全馬，長跑好手必揀。

【最啱跑】
乾爽宜人天氣

7月正值黃金海岸冬季，濕度低，氣溫保持10-20°C，乾爽微涼嘅天氣最啱跑步。和暖陽光加金色海岸線，讓跑手贏在起跑線上。

【最破記錄】
世上最平坦賽道

比賽場地喺正沙灘旁邊，沒有高低起伏的天橋或山丘，跑手只需沿著平坦賽道一直向前邁進。難怪唔少跑手都創出個人最佳成績(PB)。

【最好玩】
滑浪出海玩唔停

比賽後去多個黃金海岸的海灘享受令滑浪好手趨之若鶩嘅海浪；7月又正值賞鯨季節，尋找邊徙的座頭鯨是必做之事。想刺激，不妨預訂哈利電單車由型格司機載你風馳電制！

【最萌爆】
擁抱樹熊同袋鼠

在澳洲，只有黃金海岸所屬的昆士蘭州以及南澳才可以讓人親身抱抱樹熊。跑完步後再去動物公園抱樹熊睇袋鼠，係昆士蘭先至得！

詳情請參閱以下旅行社及預訂您的旅程

LIFE 12

馬拉松．歎世界！

作者	**Run The World** 莊曉陽 /Edkin/Frankie Kwok
出版經理	梁以祈
責任編輯	何欣容
封面設計	Pollux Kwok
書籍設計	Pollux Kwok、Pun Fong
相片提供	莊曉陽、Edkin、Frankie Kwok、Masaki Nakamura、Louise Murray、Maria Shalneva、Big Sur International Marathon、江彥良、Charman To、Eason Lin、David Yung、Thinkstock

出版	天窗出版社有限公司 Enrich Publishing Ltd.
發行	天窗出版社有限公司 Enrich Publishing Ltd. 香港九龍觀塘鴻圖道74號明順大廈11樓
電話	(852) 2793 5678
傳真	(852) 2793 5030
網址	www.enrichculture.com
電郵	info@enrichculture.com
出版日期	2016年1月初版

承印	中編印務有限公司 香港黃竹坑道24號信誠工業大廈7樓
紙品供應	興泰行洋紙有限公司

定價	港幣 $128　新台幣 $480
國際書號	978-988-8292-87-5
圖書分類	(1)跑步　(2)旅遊

支持環保　此書紙張經無氯漂白及以北歐再生林木纖維製造，並採用環保油墨。